Educação Literária para Crianças Plurais

CINTIA CECILIA BARRETO (CINTIA BARRETO)

Doutora e mestra em Literatura Brasileira pela UFRJ, com especialização em Literatura Brasileira pela UFRJ e em Docência do Ensino Superior pela UVA. Lecionou na graduação em Pedagogia na Unigranrio, de 2006 a 2017. Coordena a pós-graduação em Literatura Infantil e Juvenil desde 2010, sendo chancelada por diferentes universidades privadas. Coordenou cursos de pós-graduação em Relações Étnico-Raciais e Literatura Brasileira de Autoria Feminina na UCAM (2020-2022). Professora de Língua Portuguesa e Literatura na SEEDUC-RJ desde 2002, atua no Colégio Estadual André Maurois. Idealizou e coordena o projeto "Conversa Literária" e coleções nas editoras Semente Editorial e Vermelho Marinho, com foco em literatura de autoria feminina, mediação de leitura e formação de professores.

CLARICE MARIA SILVA CAMPOS (CLARICE CAMPOS)

Doutoranda em Teoria da Literatura e Literatura Comparada pela UERJ, Mestra em Memória e Acervos pela FCRB, e Especialista em Filosofia pela UGF, em Literatura Infantil e Juvenil e em Literatura Brasileira de Autoria Feminina pela UCAM. Graduada em Letras pela UGF e habilitada em Administração Escolar pela Universidade Castelo Branco. Atuou como professora na Secretaria Municipal de Educação do Rio de Janeiro de 1988 a 2018, exercendo funções como diretora, diretora adjunta de creche municipal, coordenadora pedagógica e professora de salas de leitura. Atualmente, leciona em cursos de pós-graduação e pesquisa narrativas de escritoras negras brasileiras, com foco em educação, filosofia, memória, cultura, literatura e relações étnico-raciais.

Cintia Barreto
Clarice Campos

EDUCAÇÃO LITERÁRIA PARA CRIANÇAS PLURAIS

OBRA DE APOIO PEDAGÓGICO

São Paulo, 1ª edição, 2024

TROIA

EDUCAÇÃO LITERÁRIA PARA CRIANÇAS PLURAIS
Copyright desta edição © 2024, Cintia Barreto e Clarice Campos

1ª edição – Setembro de 2024

Grafia atualizada segundo o Acordo Ortográfico da Língua Portuguesa de 1990, que entrou em vigor no Brasil em 2009

Editora e *Publisher*
Fernanda Emediato

Capa, Projeto Gráfico e Diagramação
Alan Maia

Revisão
Josias A. Andrade
Nanete Neves

DADOS INTERNACIONAIS DE CATALOGAÇÃO NA PUBLICAÇÃO – CIP
(Câmara Brasileira do Livro, SP, Brasil)

Barreto, Cintia e Campos, Clarice
    Educação literária para crianças plurais / Cintia Barreto e Clarice Campos ;
    – 1º ed. – São Paulo: Troia Editora, 2024.
148 p. : il. : 20,5cm x 27,5cm.

    ISBN 978-65-859720-79

    1. Educação infantil 2. Literatura infantil 3. Diversidade cultural
4. Relações étnico-raciais 5. Formação de leitores. III. Título.

24-199253
CDD 372.64
CDU 82-93:316.72

Índice para catálogo sistemático:

1. Literatura brasileira B869

Eliane de Freitas Leite - Bibliotecária - CRB 8/8415

Todos os direitos reservados
TROIA EDITORA
CNPJ: 28.221.867/0001-96
Avenida Mofarrej, 348 | cond 1308 | 05311000 | Vila Leopoldina | São Paulo – SP
@troiaeditora

Impresso no Brasil
Printed in Brazil

"Em respeito ao meio ambiente, as páginas deste livro foram produzidas a partir de fibras de árvores cultivadas em florestas plantadas, com origem certificada".

Aos alunos, que me ensinaram a pensar e repensar práticas cotidianamente.

Aos professores que, comprometidos com práticas literárias pautadas na pluralidade, contribuem para uma educação transformadora e libertária.

CINTIA BARRETO

Aos alunos e professores que dividiram comigo os afetos diários nos anos de magistério. Agradeço especialmente aos alunos da Educação Infantil.

CLARICE CAMPOS

SUMÁRIO

Apresentação 9

Prefácio 15

1. Infância: infâncias 21
Cintia Barreto

2. Educação literária 43
Cintia Barreto

3. Relações étnico-raciais, representatividade e repertório cultural 63
Clarice Campos

4. Literatura infantil negra e afro-brasileira 83
Clarice Campos

5. Tecnologias e cultura digital na escola 107
Clarice Campos

6. Ecoliteratura e contemporaneidade 129
Cintia Barreto

Biografias 144

Apresentação

Fernanda Emediato

TRANSFORMANDO A EDUCAÇÃO COM EDUCAÇÃO LITERÁRIA PARA CRIANÇAS PLURAIS

Educação Literária para Crianças Plurais, de Cintia Barreto e Clarice Campos, é uma leitura essencial para educadores que buscam enriquecer suas práticas com um olhar atento à diversidade e à representatividade nas experiências literárias. A obra fornece uma análise abrangente sobre a necessidade de integrar diferentes perspectivas culturais e sociais na literatura infantil, reforçando como essas narrativas podem influenciar positivamente o desenvolvimento dos estudantes.

Com esse livro, os educadores poderão aprofundar a compreensão sobre a importância de oferecer bibliodiversidade na literatura e o papel fundamental na formação de leitores críticos e empáticos. O livro encoraja os professores a olhar além das obras convencionais e a incluir títulos que reflitam a riqueza cultural presente na sociedade, promovendo uma educação mais inclusiva e consciente.

Ao provocar reflexões profundas sobre a escolha de conteúdos, *Educação Literária para Crianças Plurais* contribui significativamente para a prática docente ao incentivar a criação de ambientes de aprendizagem que valorizem a pluralidade. Esse enfoque ajuda a preparar os estudantes para interagir de maneira positiva e respeitosa em um mundo diverso, promovendo o desenvolvimento de competências socioemocionais.

A obra não apenas oferece uma perspectiva teórica, mas também serve como farol para a realização de práticas literárias, cada vez mais inovadoras, atentas à atualidade e às transformações pelas quais as crianças e o mundo passaram nos últimos anos. Isso posto, é preciso hoje promover uma educação literária plural que converse com as crianças do século XXI. Com esse livro, as educadoras e escritoras, Cintia Barreto e Clarice Campos, chamam atenção para as mudanças necessárias que precisam começar nas salas de aulas da educação infantil. E já começaram!

Após a leitura de *Educação Literária para Crianças Plurais*, os educadores poderão aplicar os conceitos abordados no livro em suas rotinas, enriquecendo a prática docente com ações pautadas na pluralidade. Isso pode ser feito buscando selecionar obras literárias que apresentem protagonismo infantil, com diferentes conceitos de infâncias, de culturas e de histórias, que façam pensar que somos natureza, promovendo conversas com os estudantes para que compartilhem suas próprias vivências, e interajam com diferentes áreas do saber. Além disso, os professores podem transformar a sala de aula em um ambiente acolhedor, repleto de materiais que celebrem a diversidade, e estimular a participação familiar por meio de atividades e leituras coletivas. Essas práticas não só reforçam a aprendizagem, mas também preparam os estudantes para viverem de forma empática e respeitosa em uma sociedade plural.

Educação Literária para Crianças Plurais não é apenas um livro sobre a importância da literatura infantil na sociedade contemporânea; é um convite para reimaginar o futuro da educação brasileira. É um aviso urgente e necessário de que, por meio das histórias que escolhemos compartilhar, temos o poder de pensar e contribuir para a formação de uma geração mais empática, plural e preparada para os desafios de um mundo em constante evolução. Para os educadores comprometidos com a construção de uma sociedade mais justa e equânime, esta obra não é apenas uma leitura recomendada – é um aporte teórico indispensável na jornada para uma educação verdadeiramente transformadora.

Boa leitura e boa jornada nesta fascinante aventura de transformar vidas por meio da educação literária para crianças plurais.

Fernanda Emediato
atua na literatura infantil desde 1996. Graduada em Comunicação Social, é editora da Troia e criadora do selo infantil Troinha. Autora premiada, seus livros *A Menina sem Cor* e *O Morcego sem Asas* foram aprovados pelo PNLD — Programa Nacional do Livro Didático do MEC e selecionados por secretarias de educação municipais. Em 2023, publicou mais de 30 obras para crianças. Fernanda realiza visitas a escolas, compartilhando sua paixão pela literatura.

Prefácio

Este livro é um convite à reflexão profunda sobre os diversos aspectos que permeiam a educação infantil no Brasil, onde as diferenças culturais, étnico-raciais e sociais se destacam de maneira marcante. Escrito por Cintia Barreto e Clarice Campos, a obra aborda temas essenciais para educadores, pais e todos os envolvidos na formação das novas gerações, oferecendo uma análise rica e multifacetada sobre as infâncias, a educação literária e a inclusão das novas tecnologias no ambiente escolar.

Cintia Barreto, com sua vasta experiência como escritora e professora, nos conduz por capítulos que discutem as variadas concepções de infância. Em "Infância: Infâncias", ela enfatiza a importância de reconhecer e valorizar a pluralidade das experiências infantis. No capítulo "Educação Literária", explora o poder transformador da literatura na formação das crianças em contextos diversos.

Educação Literária para Crianças Plurais

Clarice Campos complementa essa discussão com foco nas questões étnico-raciais. Em "Relações Étnico-Raciais, Representatividade e Repertório Cultural", aborda como a representatividade nas narrativas infantis é crucial para construir identidades saudáveis. No capítulo "Literatura infantil negra e afro-brasileira", discute a inserção da literatura afro-brasileira no currículo escolar como estratégia contra o racismo. Além disso, em "Tecnologias e Cultura Digital na Escola", analisa o impacto das novas tecnologias na educação.

Prefácio

O livro culmina com uma reflexão de Cintia sobre "Ecoliteratura e Contemporaneidade", tratando do papel das narrativas sobre sustentabilidade na formação da consciência ecológica infantil. As autoras enriquecem esta obra com vozes únicas: Cintia escreve com sensibilidade acolhedora, enquanto Clarice oferece uma perspectiva crítica que desafia o leitor.

Assim, este livro se apresenta como leitura indispensável para aqueles que desejam compreender e contribuir ativamente para uma geração mais consciente e respeitosa frente às complexidades do mundo contemporâneo. Esperamos que ele inspire reflexões profundas e promova discussões valiosas sobre os caminhos da educação infantil atual. Convidamos você, caro leitor, a embarcar nesta jornada conosco — explorando cada capítulo com curiosidade e sensibilidade. Que estas páginas sirvam como guia provocativo em busca de uma educação inclusiva, reflexiva e transformadora.

1.
Infância: Infâncias

Cintia Barreto

As crianças indígenas não são educadas, mas orientadas. Não aprendem a ser vencedoras, pois para uns vencerem, outros precisam perder. Aprendem a partilhar o lugar onde vivem e o que têm para comer. Têm o exemplo de uma vida em que o individual conta menos que o coletivo. Esse é o mistério indígena, um legado que passa de geração para geração. O que as nossas crianças aprendem desde cedo é a colocar o coração no ritmo da terra.

(Ailton Krenak)

Refletir sobre a educação literária para crianças plurais exige considerar as mudanças no conceito de infância ao longo dos anos. Atualmente, envolve uma compreensão mais ampla, que nos leva a pluralizar o conceito. Precisamos pensar, agora, em "infâncias". Isso porque esse não é um processo natural, mas cultural e histórico. As crianças da geração Z, nascidas entre 2000 e 2010, são superconectadas; em contraste, aquelas nascidas após a pandemia passaram por situações que impactaram o desenvolvimento de habilidades motoras, cognitivas e emocionais. Para compreendermos melhor as mudanças pelas quais as crianças vêm passando, vamos recorrer a alguns conceitos de infância em várias áreas.

No campo social, encontra-se Philippe Ariès, que, em seu livro *História social da infância e da família* (1981), aponta que a iconografia religiosa muito contribuiu para a idealização da figura da criança e da infância. Isso porque, por volta do século XIII, algumas crianças assumem representações, na pintura, pueris e sagradas, próximas às do sentimento moderno. Como consequência disso, surgem as figuras de anjos, da Nossa Senhora menina e do Menino Jesus. Depois de muito difundidas as imagens infantis sagradas, outros santos foram representados na infância, como São João e São Tiago. Com certeza, essas manifestações iconográficas, propagadas, reforçaram e aceleraram a sentimentalização ao redor da figura da criança.

© Sandro Botticelli, **Virgem com o Menino e São João Batista Criança**. Fonte: Wikimedia Commons.

A partir dessas representações, coexistem sentimentos dialéticos a respeito da criança. Para muitos, a criança é insignificante e, como muitas morrem muito cedo, há um movimento de banalização dessas mortes e de negligência em relação a essa figura vulnerável, muitas vezes vista como menos digna de cuidados intensivos. Para outros, as crianças são sagradas. Nesse sentido, o desejo de registrar, em retratos, as crianças que chegam à fase adulta, assim como aquelas que morrem cedo, é latente. Estas ganham o direito de ser lembradas por meio de pinturas.

A percepção da infância passa por uma transformação, a partir do século XVII. Deixando de ser vista como um 'adulto em miniatura' tratado com negligência, a criança começa a ser valorizada como um ser digno de amor e felicidade no seio familiar. Esse ideal de felicidade, que ganha força durante o Século das Luzes,

1. Infância: Infâncias

Cintia Barreto

é destacado por Elisabeth Badinter, que aponta como as relações familiares passaram a ser fundadas no amor e na busca pela felicidade coletiva:

> A felicidade não é mais apenas uma questão individual. É a dois que se espera, em primeiro lugar, realizá-la, enquanto se aguarda a possibilidade de vivê-la com a coletividade. Para que as relações entre o casal e os filhos sejam felizes, é preciso, descobre-se no século XVIII, que sejam fundadas no amor. (BADINTER, 1985, p. 175)

De acordo com esse pensamento, encontra-se Casimiro de Abreu. O poeta eterniza a infância feliz em seus versos: "Oh! Que saudades que tenho/ Da aurora da minha vida,/ Da minha infância querida/ Que os anos não trazem mais!" (ABREU, 1955, p. 93). Esse sentimento de tempo idílico fica registrado no imaginário coletivo, e há ainda quem pense a infância como um tempo de felicidade irrecuperável. Por isso, infância é um tempo de recordação, um tempo "feliz" guardado na memória.

É certo que a visão paradisíaca da infância não é privilégio dos românticos, mas também dos modernistas e, de fato, persiste em tempos pós-modernos. Carlos Drummond de Andrade também idealiza a infância. Basta recordar os últimos versos de seu poema intitulado "Infância" para observar tal ideia: "E eu não sabia que minha história/ era mais bonita que a de Robinson Crusoé" (ANDRADE, 1978, p. 121-122). Essa manifestação da infância é compreendida como um período bem-aventurado.

Com efeito, a ideia de que a infância é um período feliz é reforçada por Chevalier & Gheerbrant em seu *Dicionário de símbolos*. Nele, pode-se ver a seguinte afirmação:

> Infância é símbolo de inocência: é o estado anterior ao pecado e, portanto, o estado edênico, simbolizado em diversas tradições pelo retorno ao estado embrionário, em cuja proximidade está a infância. Infância é símbolo de simplicidade natural, de espontaneidade... (CHEVALIER & GHEERBRANT, 2003, p. 302, grifos dos autores)

Ainda são eles que ratificam a assunção da criança ao estado mais puro. Buscando na tradição católica e na psicologia argumentos para defender a ideia de que a criança significa pureza, mostram as possíveis inferências acerca dessa imagem:

> Na tradição cristã, os anjos são muitas vezes representados como crianças, em sinal de inocência e de pureza. Na evolução psicológica do homem, atitudes pueris ou infantis — que em nada se confundem com as do símbolo criança — assinalam períodos de regressão; ao inverso, a imagem da criança pode indicar uma vitória sobre a complexidade e a ansiedade, e a conquista da paz interior e da autoconfiança. (CHEVALIER & GHEERBRANT, 2003, p. 302)

Para entender mais sobre essa fase da vida, vale recorrer à etimologia da própria palavra infância na qual *in* = é prefixo que indica negação e *fante* = particípio presente do verbo latino *fari*, que significa falar, dizer (CUNHA, 1997, p. 435). O infante é, dessa forma, "aquele que não fala".

1. Infância: Infâncias

Cintia Barreto

A infância é, assim, idealizada por muitos e, ao mesmo tempo que se mostra como um momento feliz, carrega vestígios de sua etimologia. Durante muitos séculos, a criança teve voz ativa nas decisões da família e em relação a si mesma. Nessa fase, o sujeito-criança foi induzido, ou mesmo obrigado, a seguir as regras estabelecidas pelos adultos. Como um ser em formação, cabe à criança seguir os ensinamentos da família. No entanto, não se pode mais ignorar que a criança quer ter uma vida feliz. A ideia de felicidade é imposta a todos desde seus primeiros anos de existência.

Nesse contexto, a criança busca um ideal de vida, de comportamento, de família e de seus membros: mãe, pai, irmãos, tios, avós etc. Tudo o que a criança quer é estar inserida em um ambiente que corresponda a esse ideal de infância criado culturalmente. A ideia de que a infância deve ser um período em que a felicidade está sempre presente é um mito. Isso não é o que, de fato, ocorre muitas vezes na vida real e até na ficção. Para ilustrar, pode-se recorrer a alguns contos infantis como "A Rainha da neve" (1844) ou "O Patinho feio" (1843) do dinamarquês Hans Christian Andersen. Em ambas as histórias, encontram-se personagens em confronto com forças antagônicas, com o medo, a solidão, a angústia e a rejeição.

© Vilhelm Pedersen, **O Patinho Feio**.
Fonte: Wikimedia Commons.

Conforme Walter Benjamin, "a criança mistura-se de maneira muito mais íntima do que o adulto. É atingida pelos acontecimentos e pelas palavras trocadas de maneira indizível, e quando a criança se levanta está inteiramente envolta pela neve que soprava da leitura". (2002, p. 105). Desse modo, a criança se deixa envolver pela leitura de forma que pode ser influenciada por ela e pode assumir uma postura similar à da personagem que lhe chama a atenção.

Segundo Nelly Novaes Coelho, a literatura feita para crianças é "o meio ideal não só para auxiliá-las a desenvolver suas potencialidades naturais, como também auxiliá-las nas várias etapas de amadurecimento que medeiam entre a infância e a idade adulta" (2000, p. 43, grifo da autora). Por esse prisma, entende-se que o livro destinado à criança serve como meio de desenvolvimento psicológico e emocional, interferindo, assim, na formação futura de sua identidade. Isso reforça a ideia de que as histórias infantis fazem parte do imaginário da criança. Nesse período, ela é apresentada ao mundo e, no contato com a ficção, pode ler a realidade circundante. Desse modo, no período de amadurecimento, as histórias infantis, sobretudo os contos de fadas, são elementos decisivos na formação da criança em relação à identificação de sua imagem e do mundo que a cerca. A partir de uma linguagem simbólica, é possível à criança compreender alguns valores relativos ao convívio social e à conduta humana. Segundo Naomí Paz: "Recoberto com seus fabulosos trajes simbólicos e com suas esquemáticas simplificações morfológicas, o conto de fadas nos mostra as linhas básicas do destino humano, a evolução pela qual todos os seres devem passar." (PAZ, 1989, p. 18).

1. Infância: Infâncias

Cintia Barreto

Segundo o psicólogo infantil Bruno Bettelheim, o conto de fadas favorece o desenvolvimento da personalidade da criança, pois esclarece pontos sobre ela mesma, ao mesmo tempo em que a diverte. Diz ainda:

> Como sucede com toda grande arte, o significado mais profundo do conto de fadas será diferente para cada pessoa, e diferente para a mesma pessoa em vários momentos de sua vida. A criança extrairá significados diferentes do mesmo conto de fadas, dependendo de seus interesses e necessidades do momento. Tendo oportunidade, voltará ao mesmo conto quando estiver pronta a ampliar os velhos significados ou substituí-los por novos. (BETTELHEIM, 2004, pp. 20-21)

Diante de histórias como as Andersen, fica difícil afirmar que a infância é um período sempre feliz. O que há, na verdade, é o "mito da infância feliz". Antes de desenvolver essa ideia, é preciso também delinear a definição de mito. Para Barthes, em seu livro *Mitologias*, é possível

entender o mito como "fala": "O mito é uma fala" (BARTHES, 2003, p. 199). Mas o que ele quis dizer com isso? É ele mesmo quem explica:

> O mito não nega as coisas; a sua função é, pelo contrário, falar delas; simplesmente, purifica-as, inocenta-as, fundamenta-as em natureza e em eternidade, dá-lhes uma clareza, não de explicação, mas de constatação. (BARTHES, 2003, p. 235)

Ressalta-se, assim, que o mito, segundo Barthes, não é o real, mas sim o real redimensionado. O mito transforma o real e mostra de forma natural o que está camuflado. Barthes afirma ainda que "a mitologia é uma concordância com o mundo, não como ele é, mas como pretende sê-lo" (2003, p. 249, grifo do autor). A definição de mito é importante para a análise do "mito da infância feliz", que pode, ainda hoje, desconsiderar as muitas infâncias configuradas por variantes sociais, econômicas, topográficas, históricas, de gênero, raça, entre outras, que serão pensadas neste livro ao longo dos capítulos.

O "mito da infância feliz" surge, na pós-modernidade, com tamanha força e preocupação que promove reflexões e discussões de profissionais de diversas áreas de atuação. Nesse sentido, Dalmo Dallari, no livro *O direito da criança ao respeito* (1986), pondera sobre a situação da criança:

> Assegurar à criança o direito de ser pessoa significa dar-lhe a possibilidade de ser o que realmente é, sem necessidade de esconder, de fingir, de representar para evitar a agressão de um adulto. Se, para ser respeitada como pessoa, a criança for obrigada a dissimular, então não existe verdadeiro respeito. (DALLARI, 1986, p. 26)

1. Infância: Infâncias

A definição do educador Dallari acerca do direito da criança à sua individualidade reforça a ideia de que à criança cabe ser vista como um ser humano em formação, mas, sobretudo, um ser humano que, como tal, necessita ter suas escolhas respeitadas. Entende-se, dessa forma, que, por mais que um ser seja ainda "frágil", ele possui desejos que devem ser considerados.

Por outro lado, vale lembrar que o homem pós-moderno passou por vários "descentramentos" ao longo do século XX. Isso, é claro, refletiu no jeito de pensar a infância e a criança. Stuart Hall, em *Identidade cultural na pós-modernidade* (2003), atenta para o fato da descoberta do inconsciente por Freud nesse século. Hall enfatiza o fato de a criança perceber-se gradual e parcialmente. Ele aponta que, para Lacan, a formação da criança não ocorre de forma natural, mas sim na "relação com os outros". Lacan explica melhor essa relação quando disserta sobre a "fase do espelho":

> Naquilo que Lacan chama de 'fase do espelho', a criança que não está ainda coordenada e não possui qualquer auto-imagem como uma pessoa 'inteira', se vê ou se 'imagina' a si própria refletida — seja literalmente, no espelho, seja figurativamente, no 'espelho' do olhar do outro — como uma 'pessoa inteira'. (HALL, 2003, p. 37)

A par de tudo que foi dito sobre a criança se formar não de forma interna, mas no contato com outras pessoas, é possível reforçar a importância do amor nessa fase da vida. Sabe-se que a criança precisa de muito amor para crescer saudável física e psicologicamente. Sobre esse aspecto, também se pode recorrer às proposições de Dallari:

O tratamento afetuoso serve de amparo e estímulo à criança, ajudando-a a suportar e enfrentar dificuldades, ao mesmo tempo em que lhe dá inspiração e ânimo para um relacionamento pacífico e harmonioso com os que a cercam. A falta de afeto faz crianças tristes e revoltadas, que se mostram rebeldes, indisciplinadas, ou simplesmente incapazes de agir com segurança e serenidade. (DALLARI, 1986, p. 37)

Segundo Bettelheim, no livro *Uma vida para seu filho* (1988), nos primeiros anos de vida, a pessoa forma sua individualidade, como se pode ver:

> [...] o desenvolvimento da individualidade começa mesmo é na infância, quando o comportamento dos pais exprime — ou não consegue exprimir — seu interesse e preocupação com o que ele é capaz de fazer, e a convicção deles de que seu corpo é valioso, merecedor de todo amor e carinho. (BETTELHEIM, 1988, p. 130)

Nesse sentido, na infância, espera-se receber bastante carinho, amor e atenção, a fim de formar a individualidade que implicará sua identidade. Uma criança, se tratada de forma positiva, apresentará uma identidade equilibrada e será capaz de lidar com as

1. Infância: Infâncias

Cintia Barreto

agruras da vida de forma menos sofrida. É importante, nesse tempo, ter tido experiências positivas que ajudem a formar um sujeito por inteiro: equilibrado e feliz. Ao encontro desse pensamento, surge o "mito dos velhos tempos":

> O mito dos 'velhos bons tempos', de uma época de ouro, ou do paraíso, que pode ser encontrado em tantas culturas, é ainda difundido em nossa sociedade e continua a ser persuasivo, quando até mesmo a mais simples reflexão mostraria que a vida era muito mais difícil para os pais e também para os filhos em qualquer época passada do que é hoje. A crença ingênua em uma época de ouro marca o início da vida de cada pessoa, uma vez que a criança espera que todas as suas necessidades sejam preenchidas sem esforços e sem questionamento. (BETTELHEIM, 1988, p. 256)

Na verdade, o "mito da infância feliz" advém desse mito do tempo remoto em que as pessoas eram mais realizadas. Nesse instante, as famílias também eram mais contentes e efetuavam "todas as necessidades emocionais e de outras carências psicológicas a todos os seus membros" (BETTELHEIM, 1988, p. 256).

Eliana Yunes, em *Infância e infâncias brasileiras: a representação da criança na literatura* (1986), aponta o aspecto cultural da formação do indivíduo:

> Ao nascer, a criança se encontra em um grupo social que simultaneamente a acolhe e repele: a consciência de si mesma, a identidade cultural se desenvolve pelas sucessivas interações com os outros. Estas relações não são, contudo, espontâneas e 'naturais',

mas correspondem a um padrão ou modelo que cada cultura sistematiza como expressão que lhe parece adequada à sua experiência coletiva. (YUNES, 1986, p. 116)

Outro ponto importante no que tange à infância é a família. Ela desempenha um papel fundamental no desenvolvimento da criança e no processo de socialização. Sobre esse assunto, Maria Lúcia de Arruda Aranha esclarece:

> Como instância mediadora entre o indivíduo e a sociedade, a família deveria promover a superação do egocentrismo infantil, tornando o adulto disponível para o convívio social. A ausência de autoridade, porém, acentuada pelo temor dos pais modernos de criar neuróticos e reprimidos, faz com que as crianças fiquem por conta de sua natureza narcísica e não evoluam em direção às normas de convivência. (ARANHA, 1996, p. 61)

É a partir da família que a criança é capaz de estabelecer uma comunicação com o mundo exterior. Nesse sentido, por intermédio da relação existente com os membros da família, é possível à criança se conhecer e interagir com os outros membros da sociedade. A família será, assim, uma espécie de simulacro da sociedade. Se a relação entre os membros da família não ocorre de forma harmônica, é difícil à criança fixar-se de maneira positiva num mundo externo a esse ambiente familiar.

Quando se pensa em família, a figura materna emerge como centro propulsor do processo de desenvolvimento infantil. Geralmente, é a mãe que auxilia a criança nesse "condicionamento" à vida em sociedade. A figura da mãe, assim como da infância, é bastante idealizada. Essa idealização também ganha força a partir do século XVIII, como mostra Badinter:

> Desde o século XVIII, vemos desenhar-se uma nova imagem da mãe, cujos traços não cessarão de se acentuar durante os dois séculos seguintes. A era das provas de amor começou. O bebê e a criança transformam-se nos objetos privilegiados da atenção materna. A mulher aceita sacrificar-se para que seu filho viva, e viva melhor, junto dela. (BANDITER, 1985, p. 202)

A ideia de "boa mãe" espalha-se, na imprensa, tanto nos Estados Unidos quanto na França, embora com menos força no período de pós-guerra. Tal atitude implica a profusão de um ideal de mãe. Segundo Elisabeth Badinter, "Betty Friedan mostrou muito bem como as americanas, pouco depois de 1945, foram condicionadas a ser mães devotadas e mulheres do lar e não ser senão isso" (1985, p. 326). Verdade é que, do ponto vista psicanalítico, a mãe é personagem essencial da família, e Badinter acrescenta:

> Depois de ter descoberto a existência do inconsciente e mostrado que ele se constituía durante a infância, e mesmo na primeira infância, os psicanalistas adquiriram o hábito de interrogar a mãe, e mesmo de questioná-la, à menor perturbação psíquica da criança. (BADINTER, 1985, p. 295)

Seguindo esses apontamentos, a "boa mãe" define-se pelo cuidado exclusivo ao filho, ou seja, pela devoção a ele. Cabe ainda a ela proporcionar um bom desenvolvimento à criança, a partir de muito amor e dedicação. Badinter aponta que não há "instinto materno". Assim,

outra pessoa pode exercer a maternagem, que consiste em cuidar da criança com amor e carinho.

Não se pode deixar de elucidar que, surge na década de 60, nos Estados Unidos, um movimento feminista importante a fim de aniquilar a teoria freudiana a respeito da "mulher normal", vista pelo psicanalista como masoquista e passiva. Esse movimento engendra condutas novas em relação à posição da mulher na sociedade. Propõe ainda uma importante discussão acerca da maternidade como um fator "natural". Criticando a "natureza" feminina, encontram-se, então, vicissitudes em torno do papel materno e da própria infância.

1. Infância: Infâncias

Cintia Barreto

De qualquer forma, até os dias de hoje, o pensamento de que a mulher é naturalmente mãe coexiste com o de que a mulher não é, necessariamente, destinada a esse fim. O mito do "instinto" materno persiste. Isso é ainda endossado pelos meios midiáticos que permanecem ratificando a mulher como um ser "condicionado" a ser mãe. Todos os comerciais de bebês, hoje, trazem ainda a figura feminina como o centro das atenções e dos cuidados com a criança.

Ainda é a mulher a figura central do cuidado com a criança e com a família. Ela é vista como a responsável pelo equilíbrio de todos na casa, assim como foi mostrado no século XVIII. Como se percebe, a infância é marcada por vários elementos, que contribuem para a formação psicológica da criança. A família é um fator imprescindível à formação humana nesse período. Num papel também de auxiliar no desenvolvimento do sujeito, podem-se encontrar, ainda, as histórias infantis.

Somando-se a esses elementos, encontram-se as brincadeiras, que colaboram também para o desenvolvimento da criança e auxiliam na formação. A partir delas, as crianças tentam resolver problemas que as afligem. Sobre esse aspecto, Bettelheim explica:

> A brincadeira permite que a criança resolva, de forma simbólica, problemas não resolvidos do passado e enfrente, direta ou simbolicamente, questões do presente. É também a ferramenta mais importante que possui para se preparar para o futuro e suas tarefas. Muito antes que esses significados psicológicos e aspectos inconscientes da brincadeira fossem descobertos, havia um consenso de que era o meio de a criança preparar-se para ocupações futuras. (BETTELHEIM, 1988, p. 144-145)

Na contemporaneidade, é preciso considerar vários fatores que interferem e impactam as infâncias. No século XXI, não se pode falar em ideal de mãe, pai, família, livros, brincadeiras ou criança. O ser humano é único, e cada qual possui seu "ideal" de vida segundo sua cultura, sua família e sua individualidade, em consonância com os direitos humanos e das crianças. No entanto, vê-se que não é o que acontece, pois a infância continua sendo padronizada em alguns espaços. Isso precisa mudar para que tenhamos uma sociedade que respeite a diversidade, seja inclusiva e plural.

Nessa perspectiva, este livro procura considerar os diferentes conceitos de infância(as) e identificar a representação desse período na literatura para crianças, podendo auxiliar, dessa forma, professores da educação infantil.

A CAMINHO DA ESCOLA: EU, NÓS E OS OUTROS

O ser humano nasceu para viver em sociedade; sendo assim, o homem é um animal social. Nesse sentido, é preciso evidenciar que a creche é um dos primeiros espaços de socialização da criança, onde ela vai desenvolver sua autonomia e compartilhar emoções, aprendendo a conviver com outras crianças diferentes dela. No ambiente escolar, oportunizam-se relações emocionais, sociais e culturais, promovendo o desenvolvimento individual e coletivo. Isso possibilita à criança conhecer sua identidade e as identidades plurais na relação do eu, do outro e do nós.

Em um mundo marcado pela competição e pela agilidade, todo espaço de cooperação e experimentação é importante. Começamos nossas primeiras interações ainda bebês. Percebemos quem somos, às vezes, pelo que os outros nos falam e, quando pequenos, alguns adultos acabam fazendo este papel de condução, sem abrir espaço para o autoconhecimento. Ao contrário disso, é urgente que os espaços da educação infantil promovam a autonomia da criança no que diz respeito ao descobrir-se como um todo, como um corpo em movimento. Construindo a identidade, a criança percebe no outro semelhanças e diferenças. Isso favorece o respeito à pluralidade.

O espaço escolar precisa oferecer à criança diferentes interações que promovam a compreensão do mundo em que ela está inserida, favorecendo a autonomia e a coletividade. Para que as relações interpessoais sejam mais efetivas, é necessário que a criança tenha acesso a um número maior de diferentes identidades sociais e culturais, para que o diferente não lhe seja estranho, mas sim diverso. A questão da diversidade é um tema urgente e precisa ser pensada para que sejam planejados momentos de autoconhecimento e socialização.

É preciso considerar que, na educação infantil, o desenvolvimento das habilidades socioemocionais é imprescindível para conviver em sociedade. Essas habilidades referem-se ao modo como uma pessoa se relaciona com suas próprias emoções e as utiliza para se relacionar consigo mesma e com os outros. Dessa forma, o desenvolvimento dessas habilidades é essencial para a criação de relações consistentes, responsáveis e afetivas, e para a construção de valores necessários à ampliação de atitudes de empatia e cooperação.

REFERÊNCIAS

ABREU, Casimiro de. "Meus oito anos" In: SILVEIRA, Sousa da. *Obras de Casimiro de Abreu.* 2 ed. Rio de Janeiro: MEC, 1955.

ARIÈS, Philippe. *História social da infância e da família.* Tradução de Dora Flaksman. 2 ed. Rio de Janeiro, LTC, 1981.

ANDERSEN, Hans Christian. *Contos de Andersen.* Tradução de Guttorm Hansen; revisão estilística de Herberto Sales. 7 ed. Rio de Janeiro: Paz e Terra, 2002.

ANDRADE, Carlos Drummond de. *Seleta em prosa e verso*; estudo e notas do Prof. Gilberto Mendonça Teles. Rio de Janeiro: José Olympio, 1978.

ARANHA, Maria Lúcia de Arruda. *Filosofia da educação.* 2 ed. São Paulo: Moderna, 1996.

BADINTER, Elisabeth. *Um é o outro; relações entre homens e mulheres.* Tradução de Carlota Gomes. 3 ed. Rio de Janeiro: Nova Fronteira, 1986.

BADINTER, Elisabeth. *Um amor conquistado: o mito do amor materno.* Tradução de Waltensir Dutra. 2 ed. Rio de Janeiro: Nova Fronteira, 1985.

BANDEIRA, Manuel. "Vou-me embora pra Pasárgada". In: MORICONI, Ítalo. (org.) *Os cem melhores poemas brasileiros do século.* Rio de Janeiro: Objetiva, 2001.

BARTHES, Roland. *Mitologias.* Tradução de Rita Buongermino. Rio de Janeiro: DIFEL, 2003. BAUMAN, Zygmunt. *Identidade: entrevista a Benedetto Vecchi/*

Zygmunt Bauman. Tradução de Carlos Alberto Medeiros. Rio de Janeiro: Jorge Zahar, ed. 2005.

BENJAMIN, Walter. *Reflexões sobre a criança, o brinquedo e a educação*. Tradução, apresentação e notas de Marcus Vinicius Mazzari. São Paulo; Duas Cidades. Editora34, 2002.

BETTELHEIM, Bruno. *A psicanálise dos contos de fadas*. Tradução de Arlene Caetano. 18 ed. Rio de Janeiro: Paz e Terra, 2004.

BETTELHEIM, Bruno. *Uma vida para seu filho*. Tradução de Maura Sardinha e Maria Helena Geordane. Rio de Janeiro: Campus, 1988.

CHEVALIER, Jean & GHEERBRANT, Alain. Tradução de Vera da Costa e Silva *et al*. 18 ed. *Dicionário de símbolos.* Rio de Janeiro: José Olympio, 2003.

COELHO, Nelly Novaes. *Literatura infantil: teoria, análise, didática*. São Paulo: Moderna, 2000.

CUNHA, Antônio Geraldo da. *Dicionário etimológico Nova Fronteira da língua portuguesa*. Rio de Janeiro: 1997.

DALLARI, Dalmo de Abreu & KORCZAK, Janusz. *O direito da criança ao respeito*. 2 ed. São Paulo: Summus, 1986.

GRIMM, Jacob & Wilhelm. *Contos de fadas*. Trad. David Jardim Júnior. Belo Horizonte/Rio de Janeiro: 2000.

HALL, Stuart. *A identidade cultural na pós-modernidade*. Tradução de Tomaz Tadeu da Silva e Guacira Lopes Louro. 8 ed. Rio de Janeiro: DP&A, 2003.

KRENAK, Ailton. *Futuro ancestral*. São Paulo: Companhia das Letras, 2022.

PAZ, Noemí. *Mitos e Ritos de iniciação nos contos de fadas*. Tradução de Maria Stela Gonçalves. São Paulo: Cultrix, 1989.

YUNES, Eliana. *Infância e infâncias brasileiras: a representação da criança na literatura*. Tese de doutorado. Rio de Janeiro: PUC, 1986.

2.
Educação literária

Cintia Barreto

Precisamos de histórias, de poemas e de toda a literatura possível na escola, não para sublinhar ideias principais, mas para favorecer uma educação sentimental. Não para identificar a moral da história, ensinamentos e valores, mas para empreendermos essa antiga tarefa do "conhece-te a ti mesmo" e "conheça os demais".

(Yolanda Reyes)

A educação literária compreende o processo de aprendizagem por meio da literatura. Na educação infantil, as crianças, a partir da leitura de literatura, vivenciam o mundo que as cerca, com suas relações sociais e de poder. Isso posto, vale reforçar que as crianças são produtoras de cultura, e a escola é um espaço de formação de leitores críticos. Por isso, a escolha de obras que apresentem pluralidade é imprescindível, trazendo novas possibilidades. O que se quer enfatizar é a leitura de textos literários no ambiente escolar.

Para realizar a educação literária no espaço escolar, é preciso considerar que a literatura apresenta uma linguagem subjetiva, com emoções e valores de quem a escreve, por meio da conotatividade (linguagem figurada), de forma plurissignificativa. Ela não objetiva informar a realidade, mas recriá-la por meio de intenção estética e estilística. Um personagem humano, na literatura infantil, pode ser azul, por exemplo, e seus sentimentos e comportamentos ainda podem se aproximar das questões que interessam às crianças. A literatura tem ênfase na expressividade e não na informatividade, embora possa apresentar informações novas aos leitores.

Ressalta-se que, hoje, a criança é um sujeito exposto a uma série de informações que transitam por diferentes veículos. A literatura percebe a criança como um ser capaz de dialogar com o mundo adulto, compreender e estabelecer com este uma relação crítica e dinâmica, e não mais passiva e infantilizada. Não se pode, assim, confundir o termo infantil (relativo à infância) com um ser infantilizado. Infantilizar a criança é subestimar seu estado de ser histórico, produtor de cultura. Além disso, é preciso pensar que as crianças são plurais, com infâncias diversas. As crianças plurais exigem literaturas plurais de qualidade, com temáticas que as façam refletir ou se divertir, que lhes proporcionem prazer nas leituras, e que as levem a buscar mais leituras em que se vejam representadas.

A literatura infantil pode promover a representatividade e o protagonismo infantil, apresentando situações vivenciadas por elas em diferentes espaços e fases. Ela aguça a criatividade, a criticidade e a sensibilidade. Além disso, o texto literário brinca com as palavras, permitindo às crianças compreenderem as várias possibilidades semânticas, sintáticas e fonéticas da língua materna.

É importante não confundir a literatura escrita para crianças com a literatura infantil de qualidade. Um livro de literatura infantil de qualidade não subestima a criança, seu conhecimento de mundo e sua capacidade de fazer inferências e associações. Ele apresenta temas de interesse da criança, mexendo com suas emoções. Nesse sentido, cada vez mais, o projeto gráfico é pensado para ampliar os sentidos. A literatura infantil possui, além do texto escrito, o texto imagético, ou seja, as ilustrações. Estas, juntamente com o texto, contribuem para acrescentar sentido a ele, trazendo mais significados e promovendo a ampliação de sua bagagem literária e cultural. Um livro de qualidade apresenta uma linguagem com valor estético e amplia o universo linguístico das crianças. Algumas obras fazem uso de trocadilhos, provérbios, parlendas e jogos sonoros, como os livros poéticos.

É bom reiterar que o ato de criação literária é um momento de construção de múltiplas possibilidades linguísticas, simbólicas, expressivas, sintáticas e semânticas. O autor de livros infantis desfruta de uma liberdade que os escritores de textos técnicos não possuem – ele pode se distanciar das rígidas normas gramaticais. Isso posto, quem escreve para crianças é um ser livre para brincar com as palavras e explorar a sua plurissignificação. A polissemia é uma das características do texto literário. Ao se aproximar do universo infantil, a escrita surge como atividade lúdica e como ligação ao mundo da criança.

Segundo Winnicott, "é no brincar, e somente no brincar, que o indivíduo, criança ou adulto, pode ser criativo e utilizar sua personalidade integral: e é somente sendo criativo que o indivíduo descobre o eu (*self*)" (1975, p. 80). Dessa forma, o texto para crianças possibilita a manifestação da oralidade na construção da história, permitindo, desse modo, a brincadeira com a linguagem e a descoberta de suas próprias expressões linguísticas. A literatura surge como mais um instrumento de ampliação da linguagem verbal: falada e escrita.

Muito antes de aprender a ler, as crianças descobrem a brincadeira. Bruno Bettelheim afirma sobre o efeito do ato de brincar para as crianças:

> Através da brincadeira, começam a compreender como as coisas funcionam: o que pode ou não ser feito com os objetos e como, e os rudimentos do por quê? E do por que não? Brincando com os outros, aprendem que existem regras de sorte e de probabilidade, e regras de conduta que devem ser cumpridas, se queremos que os outros brinquem conosco. (BETTELHEIM, 1988, p. 141)

A criança, como na brincadeira, compreende o funcionamento do mundo a seu redor por meio da leitura. Com a literatura, a criança entende como se estabelecem as relações pessoais dentro e fora do convívio familiar. Por meio da literatura, a criança amplia seu espaço e pode ressignificá-lo. A cada nova incursão no mundo da leitura, a criança acumula informações, conhecimento e entende códigos que permitirão compreender outros textos e sua própria vida.

Segundo Todorov, a literatura contribui para a compreensão de mundo real:

> Ela nos proporciona sensações insubstituíveis que fazem o mundo real se tornar mais pleno de sentido e mais belo. Longe de ser um simples entretenimento, uma distração reservada às pessoas educadas, ela permite que cada um responda melhor à sua vocação de ser humano. (TODOROV, 2009, p. 24)

Por meio da literatura, as crianças passam a compreender sentimentos como medo, dor, angústia, tristeza e alegria. Os livros

2. Educação literária

Cintia Barreto

possibilitam o desvendamento do mundo real por meio do universo ficcional. Acostumadas a brincadeiras e a ambientes que remetem a fantasias, as crianças participam dos jogos de palavras e imagens sugeridos pela leitura e, ao se divertir, ampliam seu vocabulário, sua experiência de mundo e aprendem.

A fim de fazer a criança falar "corretamente", pode-se inibir a imaginação criadora. Se parte da criatividade vem da liberdade que o indivíduo tem em experimentar, construir, desconstruir e reconstruir, como poderão brincar com as palavras as crianças, se não lhes for permitido criar e explorar, mas somente seguir as regras gramaticais, sem mostrar a elas o espaço legítimo da criatividade que é a literatura? A educação literária é o caminho para a liberdade criadora e o lugar de compreensão da gramática dos textos, tanto literários quanto não literários.

A literatura está apta a apresentar às crianças outras possibilidades linguísticas e criativas, não inscrevendo as palavras em um estado estático e dicionarizado, mas em um espaço polissêmico e amplo de significados. O texto literário é capaz de estimular combinações não antes exploradas ou poucas vezes arranjadas. Assim, as crianças são levadas a perceber que os significados das palavras variam conforme o contexto, o emissor, o receptor e outros elementos, o que permite compreender os textos lidos e escritos.

A prática de leitura de textos, sobretudo literários, na educação infantil e no ensino fundamental, muitas vezes passa pela mediação do educador, seja ele o professor regente de turma, o coordenador pedagógico ou ainda o profissional da biblioteca. Porém, hoje sabemos da importância de promover a autonomia das crianças e o protagonismo no processo de construção da concepção da leitura e do ato de

Reprodução de **O Outro Dia,** Cláudio Martins, Geração Editorial, 2020.
© Geração Editorial

Reprodução de **A Menina Sem Cor**, Fernanda Emediato, Troinha, 2020.
© Troia Editora

2. Educação literária

Cintia Barreto

ler. Cada vez mais, são pensadas práticas literárias em que as crianças encontram espaços autônomos para descobertas e expressividade. Espaços de escuta são imprescindíveis, onde os estudantes podem falar sobre seus sentimentos em relação às obras e às aproximações que fazem com suas próprias vidas e cotidianos.

É preciso considerar que a biblioteca escolar é um espaço de vivências de leituras literárias. Esse espaço precisa ser agradável para o convívio com os livros. O ambiente deve ser alegre, colorido e convidativo à leitura, com tapetes, almofadas, cadeiras confortáveis e estantes baixas, a fim de que as crianças possam manusear os livros e fazer suas escolhas por meio da exploração sensorial das obras. Os livros, dessa forma, não podem ser objetos inacessíveis e proibidos. Pelo contrário, precisam estar cada vez mais acessíveis aos pequenos leitores para que possam abri-los, manuseá-los, percorrê-los com os olhos e explorá-los com as mãos, como fazem com outros objetos antes mesmo da aquisição da leitura e da escrita. Vale lembrar que o manuseio do livro traz muitos benefícios para o desenvolvimento das crianças, como o exercício da coordenação motora, da atenção e da concentração. Além disso, o manuseio dos livros aguça a percepção visual e auditiva (se forem livros interativos ou sonoros) e estimula a imaginação, a criatividade e o letramento literário. A biblioteca infantil é, assim, um espaço lúdico onde as crianças podem brincar com os livros, com as ilustrações, com as palavras e com o faz-de--conta. Dependendo da faixa etária e do grau de desenvolvimento leitor, podem ler as ilustrações e contar as histórias.

Vale lembrar que a educação literária traz a literatura para o processo de aprendizagem e cabe, aqui, reiterar o conceito de literatura como linguagem. Para Yolanda Reyes, "literatura não se faz com boas intenções, não tem compromissos com modismos, não é para dar lições de vida e muito menos para reforçar conteúdos escolares. Literatura é linguagem". (REYES, 2012, p. 9). Isso posto, a literatura infantil, em uma proposta de educação literária, não está a serviço de reforçar conteúdos escolares, nem de ensinar boas maneiras, nem de gramaticalizar as histórias. Ao contrário disso, a educação literária contribui para a formação de leitores competentes, capazes de compreender melhor a si mesmos, seus sentimentos e o mundo que os cerca.

Para tanto, apresentamos aqui a educação literária para crianças plurais. Consideramos a implementação das leis 10.639/03 e lei 11.645/08 nas escolhas dos livros que serão apresentados nas escolas, para que haja novas propostas de práticas literárias em que os livros apresentem personagens que representem as mais diferentes infâncias e culturas. Atualmente, as produções literárias infantis têm uma gama de livros de qualidade que trazem o protagonismo da criança negra e indígena, apresentando suas culturas, sentimentos e cotidiano. Para termos uma educação literária plural, é necessário que os educadores ampliem seus acervos literários com obras que contemplem as mais variadas culturas infantis, possibilitando representatividade e promovendo reflexões contemporâneas sobre as infâncias brasileiras.

2. Educação literária

Cintia Barreto

Cintia Barreto com seu livro *Lia Lia*.
© Acervo pessoal

Tanto o protagonismo quanto a autoria devem ser apresentados às crianças por meio de escritores e ilustradores negros, pardos e indígenas. Dessa forma, uma escola que deseja implementar uma educação literária plural deve ter em seu acervo livros de autores que trazem o protagonismo de crianças negras, como Joel Rufino dos Santos, Kiusam de Oliveira, Sidnei Nogueira, Elisa Lucinda, Eliana Alves Cruz, Clarice Campos, Julio Emílio Braz, Nei Lopes, Sonia Rosa, Cintia Barreto, Eliane Debus, Lázaro Ramos, Otávio Júnior, Emicida, Heloisa Pires Lima, Rogério Andrade Barbosa, Daniel Munduruku, Cristino Wapichana, Lucia Morais Tucuju, Eliane Potiguara, Marcia Kambeba, Auritha Tabajara, e ilustradores como Rodrigo Andrade, Fernanda Rodrigues, Carol Fernandes, entre outros.

Considerando o papel social da literatura na formação humana, é fundamental que as escolas tenham em seus acervos livros que retratem negros e indígenas em situações positivas e não estereotipadas. A valorização das culturas afro-brasileiras e indígenas é prevista em leis da educação e precisa ser, de fato, implementada nas escolas de todo o Brasil. Ter um acervo literário diverso é uma urgência do nosso século ao pensar uma educação literária para crianças plurais. Os protagonismos negros e indígenas não atendem apenas aos leitores negros e indígenas, mas a todos os leitores, a fim de apresentar as diversidades que compõem as infâncias brasileiras contemporâneas, promovendo uma educação antirracista e apresentando novas perspectivas para uma educação humanista.

É preciso considerar ainda que, para uma educação literária voltada para crianças plurais, é necessário quebrar outros paradigmas, antes cristalizados na sociedade, como os atrelados às relações de gênero. A divisão rígida de papéis impostos pelo machismo estrutural, durante muito tempo, negou às meninas a participação em espaços e situações que eram permitidos apenas aos meninos, como jogar bola ou discutir criticamente sobre assuntos considerados masculinos; e, consequentemente, negou aos meninos a participação em atividades vistas como femininas, como fazer bolo ou dançar balé. Nesse contexto, os contos de fadas, durante muito tempo, reforçaram estereótipos, apresentando uma sociedade patriarcal com papéis rigidamente definidos para o masculino e o feminino, como evidenciado nas representações de príncipes e princesas nessas narrativas. Sobre as escritoras que romperam com essas representações de gênero no século XXI, a professora do CAp-UFRJ e pesquisadora de literatura infantil, Cristiane Madanêlo, afirma:

> [...] as narrativas de *O príncipe que bocejava* (2004) e *A princesa que escolhia* (2006) apresentam protagonistas que rompem com os referenciais de comportamento dos contos de fadas tradicionais. Ambos os textos apresentam estruturas narrativas parecidas, o que favorece o entendimento de uma intencionalidade na produção dessas obras. Some-se a isso o fato de os títulos também se assemelharem pela inclusão de uma oração de caráter adjetivo para restringir os substantivos príncipe e princesa. (MADANÊLO, 2017, p. 2)

A literatura infantil, de um modo geral, tem acompanhado as mudanças locais e globais, nacionais e mundiais. Vale lembrar que o *boom* da literatura infantil brasileira ocorreu no início dos anos 70, como consequência do aumento das vendas de livros para o governo. Isso ampliou o público leitor nas escolas e fortaleceu o setor editorial. Os livros passaram a trazer novos espaços, olhares, estruturas e comportamentos. A intertextualidade mostrou-se ainda mais presente para desconstruir antigas abordagens. A oralidade ganhou força, e a linguagem passou a se aproximar do universo da criança; as escolhas vocabulares apresentaram mais polissemia e brincadeiras com as palavras. Jogos sonoros, antes mais evidentes em textos poéticos, passaram a figurar em textos narrativos. O cotidiano, o protagonismo e os dramas das crianças foram evidenciados. Hoje, há vários livros que abordam temas há muito tempo considerados inadequados para os pequenos leitores, como a morte, a separação dos pais, a guerra, as catástrofes naturais, o abandono, o *bullying* e a diversidade. Esses sentimentos agora são apresentados do ponto de vista da criança e em espaços urbanos, que se aproximam mais de suas vidas, em contraste com os espaços fantásticos e mágicos distantes de suas realidades. A literatura passou a apresentar, cada vez mais, conflitos em lugares reais de forma lúdica, mas ainda assim, próximos de quem lê. Os livros passaram a tratar das relações de gênero e a questionar a imposição cultural dos papéis de homens e mulheres, por meio das representações de meninos e meninas.

Temas como mudanças climáticas, tragédias ambientais, conflitos internacionais e dramas dos imigrantes podem ser vistos e acessadoos em diferentes canais de comunicação. As crianças, como participantes dessa sociedade, entram em contato com essas

2. Educação literária

Cintia Barreto

realidades. Dessa forma, elas não sabem apenas o que acontece em suas casas, bairros, cidades e países, mas também o que ocorre em lugares geograficamente distantes. Um mundo globalizado resulta em uma literatura e uma escola igualmente globalizadas. Com as barreiras geográficas diminuídas pelo uso da internet e pela cibercultura, as crianças também se veem como parte de um contexto global, refletindo sua pluralidade.

É preciso considerar que a escola é um espaço de preparação para o mundo. Com base nos dois eixos estruturantes do ensino infantil — interações e brincadeiras —, segundo a Base Nacional Comum Curricular (BNCC), deve-se assegurar seis direitos de aprendizagem e desenvolvimento: conviver, brincar, participar, explorar, expressar e conhecer-se. Desse modo, a educação literária para crianças plurais deve garantir esses direitos por meio da leitura de textos literários de qualidade.

© freepik.com

A partir da literatura, as crianças são capazes de compreender melhor os problemas contemporâneos, como a fome, a pobreza, a injustiça, a miséria, a desigualdade social, as crises internacionais e políticas, as mudanças climáticas, as mudanças comportamentais e as diferenças culturais. Elas conseguem entender melhor o ser e o estar no mundo atual. Engana-se quem pensa que a literatura é apenas para divertir, entreter e envolver; ela possibilita o contato com outras culturas e com pessoas diferentes. A literatura também é epistemológica, cognitiva, lúdica, sensorial, social, política, catártica e, sobretudo, transformadora e mobilizadora, pois amplia o repertório e a bagagem literária e cultural dos leitores, e não é diferente com os leitores mirins.

A fim de comprovar o que foi dito, pode-se observar o aumento no número de biografias de personalidades (nacionais e internacionais) voltadas para crianças na contemporaneidade. É crucial que as crianças de hoje tenham mais conhecimento sobre diferentes culturas. Isso ocorre porque, como mencionado, a globalização reduziu barreiras e o que antes parecia distante está cada vez mais próximo. Alcançar o entendimento sobre a diversidade e sua importância para um convívio saudável e democrático nem sempre é fácil, e a literatura, nesse sentido, torna-se um excelente caminho para o contato com o outro. O mundo é um lugar de convivência com diferenças, sejam elas de gênero, sociais, culturais, regionais, étnicas ou religiosas. Compreende-se, então, que as biografias ajudam as crianças a ampliar seus repertórios culturais e conhecimentos sobre o mundo.

1. Infância: Infâncias

Cintia Barreto

A paquistanesa Malala teve sua biografia adaptada para o universo infantil, permitindo que as crianças compreendam que, em outras partes do mundo, meninas são proibidas de frequentar escolas, estudar e conviver com outras crianças. Os estudantes, assim, podem conversar, mediados pelos professores, sobre a importância dos "Direitos Humanos", tomar ciência do "Estatuto da Criança e do Adolescente" (ECA) e refletir sobre suas próprias infâncias, condições humanas e cidadãs. Além disso, ampliam seus repertórios culturais.

No livro *Fala, menina!*, escrito por Cintia Barreto, ilustrado por Luciana Grether e publicado pela editora Oficina Raquel, é contada a história de uma menina que se percebe dentro de uma sociedade que não quer ouvir o que ela sente, vive e pensa. À protagonista é negado o direito à fala. O mutismo feminino não é novidade para os adultos, mas as crianças contemporâneas questionam quando isso acontece, pois não deveria acontecer ocorrer. A sociedade machista é apresentada de forma lúdica, e, no diálogo com a mãe, a menina começa a escrever poemas em seus cadernos até que sua voz consegue ser ouvida. Essa temática aborda uma das problemáticas contemporâneas, o machismo estrutural, e é possível e necessário que meninos e meninas, desde os primeiros anos, leiam, pensem, falem e compreendam sobre isso para que o mundo mude.

Por fim, compreende-se que, para promover a educação literária para crianças plurais na escola, é fundamental que os educadores estejam atentos à promoção de práticas que considerem a pluralidade de gêneros literários (poemas, fábulas, parlendas, quadrinhos, contos maravilhosos, contos de fadas, recontos, contos contemporâneos, biografias etc.) e de temas (pobreza, abandono, morte, relações familiares, de gênero, amizade, afeto, preservação e contato com a natureza, mudanças climáticas, problemas ambientais, protagonismo infantil, negro e indígena, diversidade cultural, busca de si, convívio com as diferenças). Além disso, é preciso possibilitar que as crianças sejam protagonistas do processo de aprendizagem.

REFERÊNCIAS

BETTELHEIM, Bruno. *Uma vida para seu filho*. Tradução de Maura Sardinha e Maria Helena Geordane. Rio de Janeiro: Campus, 1988.

BRASIL. *Base Nacional Comum Curricular (BNCC)*: educação é a base. Brasília, DF: MEC/CONSED/UNDIME, 2018. Disponível em: http://basenacionalcomum.mec.gov.br/images/BNCC_publicacao.pdf. Acesso em: 12 ago. 2024.

BRASIL. *Estatuto da Criança e do Adolescente - ECA*. Disponível em: https://www.gov.br/mdh/pt-br/navegue-por-temas/crianca-e-adolescente/publicacoes/eca_mdhc_2024.pdf. Acesso em: 12 ago. 2024.

BRASIL. *LEI Nº 11.645, de 10 de março de 2008*. Disponível em: https://www.planalto.gov.br/ccivil_03/_ato2007-2010/2008/lei/l11645.htm . Acesso em: 12 ago. 2024.

BRASIL. *LEI Nº 10.639, de 9 de janeiro de 2003*. Disponível em: http://www.planalto.gov.br/ccivil_03/leis/2003/l10.639.htm. Acesso em: 05 ago. 2024.

MADANÊLO, Cristiane de Oliveira. *(Des)construindo relações de gênero através da obra de Ana Maria Machado* in https://alb.org.br/arquivo-morto/edicoes_anteriores/anais16/sem11pdf/sm11ss12_01.pdf. (04 de maio de 2017) Acesso em: 24 de jul. 2024.

REYES, Yolanda. *Ler e brincar, tecer e cantar: literatura, escrita e educação.* São Paulo: Pulo do Gato, 2012.

TODOROV, Tzvetan. *A literatura em perigo.* Rio de Janeiro: DIFEL, 2009.

WINNICOTT, D. W. *O brincar e a realidade.* Rio de Janeiro: Imago, 1975.

LITERATURA INFANTIL INDICADA

BARRETO, Cintia. *Fala, menina!* Rio de Janeiro: Oficina Raquel, 2023.

EMEDIATO, Fernanda, *A menina sem cor,* São Paulo, 2020

3. Relações étnico-raciais, representatividade e repertório cultural

Clarice Campos

O racismo está presente, porque existem as estruturas que ao mesmo tempo são o seu suporte e o seu resultado, e que permitem a vigência e o pleno funcionamento dos mecanismos que o reproduzem na sociedade.

(Joel Rufino dos Santos)

No Brasil, vivemos em uma sociedade multirracial, formada a partir de uma diversidade de culturas. Ao observarmos a nossa história, constatamos um discurso hegemônico e colonizador, carregado de preconceitos e discriminação racial, resultantes de um grande período de escravização de pessoas negras. Diante disso, é importante destacar que a escola é concebida dentro de um processo histórico-social e é construída a partir da realidade social, com o objetivo de reproduzi-la ou atender às suas necessidades. Desse modo, além dos conhecimentos e conteúdos compartilhados, a escola também é um espaço de produção e reprodução de práticas racistas, refletindo as relações e o jogo de forças presentes na sociedade. Para a professora Cida Bento (2022), a violência que a população negra sofre cotidianamente "se manifesta em diferentes esferas e em todas as etapas da vida, começando na educação infantil" (p. 105).

As interações baseadas em valores referentes às questões de gênero, étnicas, sociais, econômicas, culturais, entre outras, são travadas entre os sujeitos nos espaços escolares, indicando padrões estéticos e sociais, expressos nos discursos e ações de forma direta ou velada.

Essas manifestações negativas operam na vida das crianças negras, deixando marcas profundas. Outra maneira de compreender essas representações, construídas dentro de uma sociedade racista, sobre o corpo das pessoas negras e como elas se manifestam no espaço escolar, é a partir do pensamento da professora Nilma Lino Gomes (2002): "Existem, em nossa sociedade, espaços nos quais os negros transitam desde criança, onde tais representações reforçam estereótipos e intensificam as experiências do negro com seu cabelo e seu corpo. Um deles é a escola" (p. 40). A professora destaca o peso da trajetória escolar na formação da identidade negra e questiona se essas marcas são superadas ao afirmar que:

> A maneira como a escola, assim como a nossa sociedade, vê o negro e a negra e emite opiniões sobre seu corpo, seu cabelo e sua estética deixa marcas profundas na vida desses sujeitos. Muitas vezes, só quando se distanciam da escola ou quando se deparam com espaços sociais em que a questão racial é tratada de maneira positiva, é que esses sujeitos conseguem falar sobre essas experiências e emitir opiniões sobre temas tão delicados, que tocam a sua subjetividade. (GOMES, 2002, p. 43)

É importante lembrar a identidade compreendida a partir da noção de sujeito sociológico abordada pelo sociólogo Stuart Hall (2011). O autor considera que a identidade é formada na interação entre o eu e a sociedade. Nessa concepção, as identidades não são fixas, mas formadas e transformadas continuamente. A identidade, compreendida por essa ótica, possibilita entender a importância de as crianças negras se reconhecerem nas identidades das personagens apresentadas nos

3. Relações étnico-raciais, representatividade e repertório cultural   Clarice Campos

livros, nas histórias narradas, nas brincadeiras propostas; enfim, estabelecer um sentido de pertencimento de maneira positiva nas atividades desenvolvidas dentro do espaço escolar.

O Projeto Político Pedagógico da Escola vai nortear a seleção de materiais, a formação continuada dos educadores e as práticas promotoras de igualdade racial. Para a sua construção, além da Lei.10.639/2003, que foi complementada pela Lei 11.645/2008 e estabelece a inclusão da História e Cultura Afro-brasileira e Indígena no currículo oficial de ensino, outros instrumentos legais orientam as relações étnico-raciais dentro do espaço escola, tais como a Resolução 01/2004, que institui diretrizes curriculares nacionais para a educação das relações étnico--raciais e para o ensino de História e Cultura Afro-brasileira e Africana. A própria Constituição Federal de 1988, em seu Art. 3º, estabelece como objetivos fundamentais da República Federativa do Brasil:

> I – construir uma sociedade livre, justa e solidária;
>
> II – garantir o desenvolvimento nacional;
>
> III – erradicar a pobreza e a marginalização e reduzir as desigualdades sociais e regionais;
>
> IV – promover o bem de todos, sem preconceitos de origem, raça, sexo, cor, idade e quaisquer outras formas de discriminação.

Apesar de a legislação ser um mecanismo importante, a escola nem sempre é um lugar de respeito e de valorização da riqueza que a diversidade propicia à nossa identidade nacional. O impacto da discriminação

Educação Literária para Crianças Plurais

racial pode ser verificado no desempenho e na evasão escolar. Os dados apontados em 2019 pela Pesquisa Nacional por Amostra de Domicílios Contínua mostram que "dos quase 50 milhões dos jovens de 14 a 29 anos no Brasil, 20,2% não completaram alguma das etapas da educação básica". Desses jovens, 71% são pretos ou pardos (IBGE, 2019).

Acionar esses documentos legais pode contribuir para compreender as concepções e alicerçar práticas e experiências desde a Educação Infantil. A análise documental é necessária para entender como a legislação se articula na prática. As ações promotoras de igualdade racial dependem não apenas de debates e reflexões sobre as legislações e teorias. Elas exigem que todos estejam comprometidos e empenhados em práticas que garantam os direitos constitucionais

3. Relações étnico-raciais, representatividade e repertório cultural — Clarice Campos

para todos, independentemente de gênero, raça, etnia, orientação sexual, escolhas religiosas ou pertencimento a quaisquer outros grupos representativos de minorias.

Vale lembrar que estudos demonstram que não existem diferenças biológicas ou culturais entre os seres humanos, especialmente a partir dos estudos do projeto genoma do início do século XXI. Assim, o termo "raça" não tem validade científica para biólogos e antropólogos. A professora Nilma Lino Gomes (2005) nos esclarece que:

> As raças são, na realidade, construções sociais, políticas e culturais produzidas nas relações sociais e de poder ao longo do processo histórico. Não significam, de forma alguma, um dado da natureza. É no contexto da cultura que aprendemos a enxergar as raças. Isso significa que aprendemos a ver negros e brancos como diferentes na forma como somos educados e socializados, a ponto de essas ditas diferenças serem introjetadas em nossa forma de ser e de ver o outro, em nossa subjetividade e nas relações sociais mais amplas (p. 49).

Embora não tenha validação científica, a noção de raça, consequência do racismo, persiste no imaginário coletivo de diversos grupos, servindo como um mecanismo de domínio e segregação. Nesse contexto, é importante destacar as contribuições do antropólogo Kabengele Munanga (2003), que considera a diversidade algo incontestável e, portanto, digno de explicação. O problema, segundo o autor, reside na classificação e hierarquização dos grupos humanos, em que "os indivíduos da raça branca são coletivamente considerados superiores aos da raça negra e amarela, em função de suas características físicas hereditárias" (p. 5).

É possível identificar os efeitos da padronização e classificação racial sobre as interações entre os sujeitos, tendo como base as questões raciais. Cotidianamente, diversas formas de opressão e dominação sociais, econômicas e ideológicas se sustentam e estão inseridas nos grupos sociais, inclusive dentro dos espaços escolares. As representações e abordagens sobre o cabelo e o corpo de crianças negras, por exemplo, são frequentemente utilizadas de maneira negativa. Estereótipos motivam pré-julgamentos sobre indivíduos, definindo a que grupo pertencem, sendo, portanto, uma forma de controle social.

Faz-se necessária uma indagação: como os espaços escolares podem atuar na perspectiva de uma educação antirracista? A formação dos educadores no sentido do letramento racial é bastante relevante para as práticas de combate ao racismo no contexto escolar. Devidamente instrumentalizados, os profissionais de educação podem identificar ideologias, discursos hegemônicos e estereótipos contidos nos livros e demais materiais didáticos. Para tanto, é fundamental a formação continuada dos profissionais, bem como as trocas de experiências e de práticas positivas. A autocrítica é outro fator necessário, pois é preciso que estejamos atentos às nossas próprias manifestações racistas. Muitas vezes, atitudes e palavras estão tão arraigadas em nossas construções sociais que se tornam despercebidas e naturalizadas.

3. Relações étnico-raciais, representatividade e repertório cultural — Clarice Campos

O conhecimento é fundamental para avançarmos na construção de uma escola antirracista. É importante ressaltar que todas as pessoas que atuam nos espaços escolares são educadoras e, portanto, devem se manter em formação e atualizadas. O Parecer CNE/CP 3/2004 afirma:

> Há necessidade de professores qualificados para o ensino das diferentes áreas de conhecimentos e, além disso sensíveis e capazes de direcionar positivamente as relações entre pessoas de diferentes pertencimentos étnico-raciais, no sentido do respeito e da correção de posturas, atitudes e palavras preconceituosas (BRASIL, 2004, p. 08).

Para pensarmos a educação antirracista, é preciso refletir que a pauta racial não deve ser de interesse apenas de educadores negros. Afinal, como nos ensinou Angela Davis, professora, filósofa e ativista norte-americana, não basta não ser racista; é preciso ser antirracista. Do mesmo modo, a inclusão da temática africana e afro-brasileira no currículo escolar contempla os estudantes em sua totalidade.

Na atualidade, importantes estudos vêm sendo produzidos sobre as articulações entre cultura, leitura literária e relações étnico-raciais dentro da escola. Destacam-se os estudos de Eliane Debus (2009), pesquisadora na área de literatura infantil, que faz um mapeamento da produção literária para crianças e da temática étnico-racial no Brasil. Debus constata a ampliação no mercado editorial brasileiro de títulos que tematizam a cultura africana e afro-brasileira, em resposta à demanda da Lei 10.639/2003. A linguagem literária atua positivamente nas experiências infantis. Conforme a autora, "a leitura compartilhada com crianças com narrativas que fogem do repertório cristalizado para o público infantil pode contribuir para a formação de leitores mais comprometidos e sensíveis com o 'outro'" (DEBUS, 2018, p. 93).

No que diz respeito às práticas pedagógicas na escola a partir das relações étnico-raciais e seus desdobramentos, podemos recorrer aos estudos de Nilma Lino Gomes (2017), citada aqui anteriormente: "A escola, principalmente a pública, é a instituição que mais recebe corpos marcados pela desigualdade sociorracial acirrada no contexto da globalização capitalista. Corpos diferentes, porém discriminados por causa da sua diferença" (GOMES, 2017, p. 134). A professora destaca a importância da atuação do movimento negro na construção de saberes emancipatórios e na luta política contra o racismo.

3. Relações étnico-raciais, representatividade e repertório cultural — Clarice Campos

Eliane Cavalleiro (2022) reflete cuidadosamente sobre a temática racial dentro das salas de aula. O reconhecimento de que existe um problema racial na sociedade brasileira é a base para se pensar uma educação antirracista. Daí a importância de os professores buscarem materiais que contemplem a diversidade e atividades pedagógicas que envolvam positivamente crianças negras. Em sua obra *Do silêncio do lar ao silêncio escolar*, Cavalleiro trata especificamente do racismo, preconceito e discriminação na educação infantil. Neste trabalho, a autora demonstra que as crianças, já na pré-escola, se dão conta das diferenças étnicas e que as crianças negras percebem o tratamento diferenciado que recebem dos adultos em comparação ao tratamento destinado às crianças brancas. "Essa percepção compele a criança negra à vergonha de ser quem é, pois isso lhe confere participar de um grupo inferiorizado dentro da escola, o que pode minar a sua identidade" (CAVALLEIRO, 2022, p. 98).

É imperativo eliminar ideias, modificar comportamentos e romper padrões nas propostas curriculares que privilegiam e reproduzem ideologias culturais dominantes. Compete à escola e aos gestores orientar os currículos de forma a atender às diversidades e atuar como vigilantes combativos das práticas que inferiorizam e excluem por meio de manifestações racistas. Seria possível, então, um cotidiano na Educação Infantil em que as práticas desenvolvidas sejam instrumentais em favor de uma educação antirracista? Outras indagações também são pertinentes a essa questão: como as narrativas, os contextos, os cenários e as interações na educação Infantil se entrelaçam e impactam na formação da identidade de meninas e meninos negros? Quais são as percepções desse grupo de estudantes especificamente dentro desse espaço escolar?

As respostas não são tão simples, mas sabemos que a escola e os professores desempenham um papel fundamental na união de esforços para que o ambiente escolar seja um lugar de combate ao preconceito e à discriminação racial. Sendo, portanto, necessário planejamento e intenção nas escolhas pedagógicas, na organização dos espaços e na proposição de atividades que atendam às diversidades. Um projeto educativo que realmente se proponha a ser antirracista precisa definir ações e criar mecanismos que facilitem a execução dessas ações.

Além das atividades planejadas, os educadores não devem se ocultar, mas sim aproveitar situações flagrantes de discriminação como um momento para mostrar que a diversidade existe, mas não é fator de superioridade ou inferioridade entre os grupos. Mesmo as situações conflituosas protagonizadas por sujeitos negros e brancos dentro do espaço escolar, se mediadas convenientemente, podem servir como um projeto efetivo de combate ao racismo e à sensação de inferioridade. O reconhecimento das diversidades como fator de enriquecimento nas relações favorece a participação integral e a aprendizagem de crianças negras e não negras.

A literatura com a temática negra e a presença positiva dos personagens colabora para que as crianças assumam com orgulho suas

3. Relações étnico-raciais, representatividade e repertório cultural — Clarice Campos

características físicas. As referências positivas são importantes para a questão da autoestima. Como evidencia Nilma Lino Gomes (2005), desde crianças aprendemos a olhar para a diversidade humana, mas nem sempre percebemos que aprendemos a ver as diferenças e semelhanças de forma hierarquizada: perfeições e imperfeições, beleza e feiura, inferioridade e superioridade.

É necessário que estejamos atentos à influência formativa sobre crianças brancas e negras e, principalmente, ao modo como o branco vê o negro, associando uma simbologia de estereótipos na qual a cor negra é relacionada às coisas negativas, ao mal e ao inferior, enquanto a cor branca é associada à pureza, beleza e ao ideal estético. A rejeição do cabelo da criança negra, por exemplo, requer a construção de estratégias que podem ser concretizadas a partir de atividades como desfiles de penteados, elogios públicos, contação de histórias que envolvam a temática e apresentação de personagens com representatividade positiva.

Na Educação Infantil, além das práticas de leitura literária e do empréstimo de livros para serem lidos em casa com as famílias, costumam-se promover atividades com outras manifestações artísticas e culturais. Neste

© freepik.com

segmento, realizam-se rodas de leitura, encontros com autores, utilização de materiais e produtos audiovisuais, atividades de dramatização, entre outros.

É importante ressaltar que há um número significativo de obras audiovisuais e literárias com representações de negros e negras; contudo, não basta apenas selecionar e utilizar essas obras. É necessário refletir sobre a noção de pertencimento das crianças, especialmente das negras, considerando os enredos das narrativas e como as personagens são representadas. A ausência de personagens negras ou a representação de personagens negras apresentadas de forma caricata e estereotipada, sem família e em situações que não transmitem conforto e dignidade, não impactam as crianças de maneira positiva.

3. Relações étnico-raciais, representatividade e repertório cultural Clarice Campos

Na obra *Literatura infantil: teoria, análise, didática*, Nelly Novaes Coelho (2000) considera a definição do ato de ler ou de ouvir histórias como uma experiência de vida, inteligência e emoções. Assim, o texto literário transmite aos leitores, mesmo aos mais pequenos, valores, cultura, história e ideologias, e, por isso, não pode ser utilizado de maneira aleatória e descompromissada. Embora conceba a Literatura Infantil como arte, Coelho (2000) defende que o ato de ler (ou ouvir histórias) está relacionado à aprendizagem. Desse modo, o uso da literatura destinada às crianças dentro das atividades realizadas na Educação Infantil não é apenas para entretenimento, mas um recurso pedagógico que pode ser usado como ferramenta antirracista.

Além do cuidado na escolha das obras literárias, a organização do espaço também deve ser considerada. O ambiente, composto por cartazes, fotos, jogos, roupas e adereços para dramatização, deve contemplar a existência de crianças negras e brancas para que todos se sintam representados. Propõe-se que os educadores, muitas vezes oriundos de uma educação permeada de preconceitos, partam de uma tomada de consciência da realidade e estejam atentos na escolha das atividades e na seleção de materiais utilizados nas salas de aula. Faz-se necessário compreender que muitas dessas obras literárias, materiais didáticos e produtos audiovisuais apresentam conteúdos depreciativos e preconceituosos em relação às pessoas negras. É preciso que as escolhas sejam realizadas de forma contextualizada e intencional.

A escolha de cantigas, jogos e brincadeiras de origem africana, a utilização de danças que enaltecem a cultura brasileira, bem como a confecção e uso de instrumentos musicais de origem afro-brasileira, são oportunidades para experimentações fora do legado europeu tradicionalmente usado. O calendário escolar deve ser repensado no sentido de incluir nas datas comemorativas festividades e celebrações afro-brasileiras. Inclusive, recentemente, a Lei 14.759, de 21 de dezembro de 2023, declara o Dia Nacional de Zumbi e da Consciência Negra como feriado nacional. É importante, porém, lembrar que essas escolhas e atividades não devem ser realizadas de forma pontual ou apenas em datas comemorativas.

A hora da rodinha é um bom momento para apresentar personagens negras da música, das ciências e das artes, com a finalidade de ressaltar a intelectualidade e a importância de pessoas negras no desenvolvimento da humanidade. As rodas de conversa aproximam os sujeitos, são uma forma legítima de abordar interesses e permitem a partilha em um ambiente propício para que os estudantes se sintam à vontade para compartilhar suas narrativas.

Em articulação com o projeto da escola, familiares, pessoas da comunidade e especialistas podem ser convidados para entrevistas, vivências, confecção de artesanatos, palestras e apresentações de danças, capoeira, jongo e outras manifestações que expressam a valorização das tradições e transmissão de expressões culturais e artísticas de origem afro-brasileira. É oportuno destacar que, no Brasil, essas manifestações

3. Relações étnico-raciais, representatividade e repertório cultural — Clarice Campos

são frequentemente apagadas, revelando diversas formas de opressão aos diferentes grupos pertencentes às minorias sociais.

Após tudo que aqui foi dito, é importante reforçar que a Educação Infantil é um dos primeiros espaços de socialização coletiva das crianças. É um lugar para aprender com adultos e com outras crianças. No contato com os outros, elas vivenciam emoções diversas e até resolvem algumas situações de conflito. Os caminhos a serem escolhidos nas salas de Educação Infantil são muitos, mas o olhar atencioso do educador deve se pautar especialmente naqueles que contribuem para que a escola seja um espaço de equidade, respeito e justiça para todos.

REFERÊNCIAS

BENTO, Cida. *O pacto da branquitude*. Companhia das letras, 2022.

BRASIL. Constituição da República Federativa do Brasil. *Diário Oficial da União*, 05 out. 1988, p. 01. Disponível em: https://www.planalto.gov.br/ccivil_03/constituicao/constituicao.htm. Acesso em: 11 ago. 2024.

BRASIL. Lei nº 10.639, de 9 de janeiro de 2003. *Diário Oficial da União*, 10 jan. 2003, p. 01. Disponível em: https://www.planalto.gov.br/ccivil_03/leis/2003/l10.639.htm. Acesso em: 05 ago. 2024.

BRASIL. Ministério da Educação. *Diretrizes curriculares nacionais para a educação das relações étnico-raciais e para o ensino de história e cultura afro-brasileira e africana na educação básica*. Brasília: Ministério da Educação, 2004.

BRASIL. Resolução n° 01, de 17 de junho de 2004. *Diário Oficial da União*, 19 maio 2004. Disponível em: https://normativasconselhos.mec.gov.br/normativa/view/CNE_003.pdf?query=etnico%20racial. Acesso em: 11 ago. 2024.

BRASIL. Lei n° 11.645, de 10 de março de 2008. *Diário Oficial da União*, 11 mar. 2008, p. 01. Disponível em: https://www.planalto.gov.br/ccivil_03/_ato2007-2010/2008/lei/l11645.htm. Acesso em: 11 ago. 2024.

BRASIL. Lei n° 14.759, de 21 de dezembro de 2023. *Diário Oficial da União*, 22 dez. 2023, p. 01. Disponível em: https://www.planalto.gov.br/ccivil_03/_ato2023-2026/2023/lei/l14759.htm. Acesso em: 11 ago. 2024.

CAVALLEIRO, Eliane. *Do silêncio do lar ao silêncio escolar:* racismo, preconceito e discriminação na educação infantil. São Paulo: Editora Contexto, 2022.

COELHO, Nelly Novaes. *A literatura infantil:* teoria, análise, didática. São Paulo: Editora Moderna, 2000.

DEBUS, Eliane. *O Mercado editorial brasileiro e a literatura de temática africana e afro-brasileira:* Análise Comparativa dos Catálogos de 2005 e 2008. In: 17 COLE - Congresso de Leitura do Brasil, 2009, Campinas – SP. Anais do Congresso de Leitura do Brasil. Campinas/SP: Unicamp/ALB, 2009. v. 1. p. 423-413.

DEBUS, Eliane. *A temática da cultura africana e afro-brasileira na literatura para crianças e jovens.* São Paulo: Cortez Editora, 2018.

GOMES, Nilma Lino. Alguns termos e conceitos presentes no debate sobre relações raciais no Brasil: uma breve discussão. In: BRASIL. *Educação antirracista:* caminhos abertos pela Lei Federal n° 10.639/03. Brasília: Ministério da Educação, 2005. pp. 39-62.

GOMES, Nilma Lino. *O movimento negro educador:* saberes construídos nas lutas por emancipação. Petrópolis: Editora Vozes Ltda., 2017.

GOMES, Nilma Lino. Trajetórias escolares, corpo negro e cabelo crespo: reprodução de estereótipos ou ressignificação cultural? *ver. Bras. Educ.*, n° 21, pp. 40-51, 2002. Disponível em: https://doi.org/10.1590/S1413-24782002000300004. Acesso em: 11 ago. 2024.

HALL, Stuart. *A identidade cultural na pós-modernidade.* Rio de Janeiro: Editora DP&A, 2011.

IBGE. PNAD Educação 2019: Mais da metade das pessoas de 25 anos ou mais não completaram o ensino médio. *Agência IBGE,* Brasília, 15 jul. 2020. Disponível em: https://agenciadenoticias.ibge.gov.br/agencia-sala-de-imprensa/2013-agencia-de-noticias/releases/28285-pnad-educacao-2019-mais-da-metade-das-pessoas-de-25-anos-ou-mais-nao-completaram-o-ensino-medio. Acesso em: 07 ago. 2024.

MUNANGA, Kabengele. Uma abordagem conceitual das questões de raça, racismo, identidade e etnia. In: *III Seminário Nacional das Relações Raciais e Educação.* Rio de Janeiro, 5 de nov. 2003. Disponível em: https://www.geledes.org.br/wp-content/uploads/2014/04/Uma-abordagem-conceitual-das-nocoes-de-raca-racismo-dentidade-e-etnia.pdf. Acesso em: 08 jun. 2024.

© Fernanda Emediato.
Imagem criada usando IA (Adobe Firefly).

4.
Literatura infantil negra e afro-brasileira

Clarice Campos

A literatura é poder, poder de convencimento, de alimentar o imaginário, fonte inspiradora do pensamento e da ação.

(Cuti)

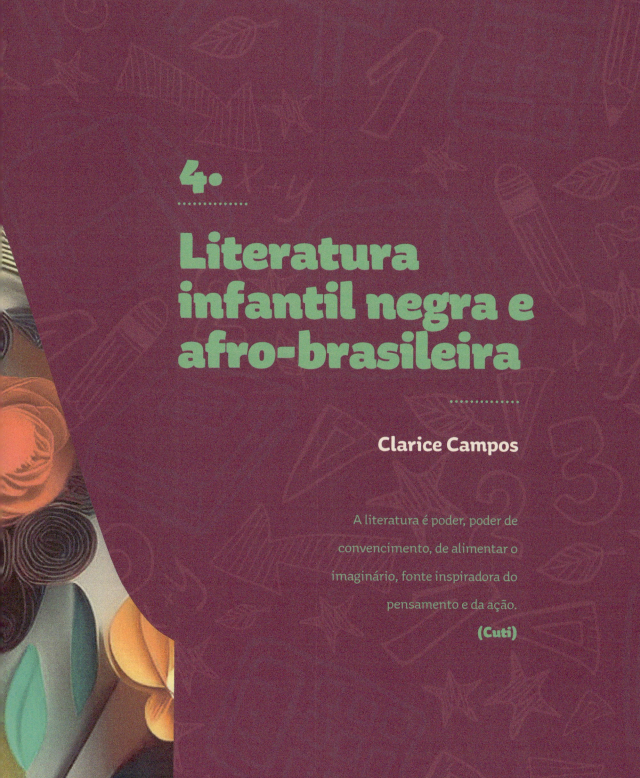

Minha história com os livros vem de longe. Narrativas e personagens sempre foram bem exploradas em minha trajetória literária e de vida. Aprendi a ler bem cedo, antes mesmo de entrar para a escola. Durante a infância e a adolescência, muitas vezes fui presenteada com livros e revistas. Algumas dessas obras ainda estão comigo. Naquela época, havia vendedores que batiam nos portões das casas oferecendo as enciclopédias. Foi assim que minha mãe comprou as coleções que serviriam para minhas pesquisas escolares. Alguns anos depois, nos associamos ao Círculo do Livro, onde recebíamos um catálogo com sinopses de livros nacionais e estrangeiros. Escolhíamos os títulos que queríamos comprar e, alguns dias depois, eles eram entregues em nossa casa.

Estávamos na década de 1970, e a escola vivia o contexto histórico e cultural imposto pelo regime militar, um período marcado pelo controle e por questões de cunho ideológico e político. Foi também um período de mudanças na educação, sobretudo em consequência da promulgação da Lei de Diretrizes e Bases nº 5.692, de 1971. Além dos livros didáticos, a leitura literária era indicada pelos professores, normalmente como leitura obrigatória, e a biblioteca escolar emprestava obras para os alunos lerem em casa.

As leituras iniciais interferiram e ainda interferem no que eu sou como pessoa e como professora, com mais de 40 anos de atuação no magistério. Isso me faz refletir sobre o presente, como ensinou Nélida Piñon (1999): "O Homem recorda simplesmente o que a memória quer. Ela é autônoma em relação a nós" (n.p.). Nesse jogo que envolve o ontem e o presente, reflito sobre as leituras da minha infância, a educação literária para as crianças contemporâneas e as projeções para as gerações futuras.

As vozes leitoras da minha família eram negras, contrastando com o número quase total de professoras brancas da escola. Tanto minha mãe quanto minhas tias controlavam o tempo para incluir livros e revistas na rotina exaustiva do trabalho doméstico. Eram mulheres leitoras e povoaram a minha imaginação infantil com histórias.

Embora eu tenha sido uma criança leitora e meu repertório de leitura fosse amplo desde menina, em geral, a autoria e as personagens das histórias que eu lia apresentavam padrões físicos e sociais distantes dos meus. Inquietava-me e ainda me inquieta o conteúdo daquelas narrativas. As poucas histórias que abordavam vivências de pessoas negras tratavam apenas da escravização e apresentavam personagens estereotipadas, em condições servis ou folclorizadas. O imaginário dos autores daquela época, na maioria pessoas brancas,

Clarice Campos quando criança.
© Acervo pessoal.

4. Literatura infantil negra e afro-brasileira

Clarice Campos

não concebia a ideia de personagens negras como protagonistas, com família, com sonhos e com histórias próprias.

A partir de 1985, quando comecei a trabalhar como professora, ainda era muito pequena a quantidade de obras disponíveis com a temática negra e afro-brasileira para eu usar com meus alunos. Aos poucos, uma seleção de livros com autoria e temática negra foi sendo disponibilizada ao público leitor.

Antes de trazer à luz questões como a representatividade, a autoria, a presença de personagens negras e a incorporação de elementos da cultura afro-brasileira nas obras literárias para crianças, podemos fazer algumas considerações sobre a literatura e a literatura infantil como um todo. Muitos foram os teóricos que definiram e conceituaram a literatura, como nos mostra Cuti (2010): "A literatura, em suas inúmeras tentativas de definição e conceituação, constitui uma das instâncias discursivas mais importantes, pois atua na configuração do imaginário de milhões de pessoas" (p. 48).

Em relação à literatura específica para a recepção do público infantil, a professora e pesquisadora Nelly Novaes Coelho (2000) considera que uma definição exata é uma tarefa difícil, pois a literatura expressa valores da experiência humana em uma determina época. Tanto a literatura infantil quanto a adulta, na visão da autora, possuem a mesma essência; o que muda é o receptor. A partir dessa literatura, a base da consciência de mundo de jovens e crianças é disseminada, sendo a escola um espaço privilegiado para essa formação. Desse modo, a literatura infantil "é arte: fenômeno de criatividade que representa o mundo, o homem, a vida, através da palavra. Funde os sonhos e a vida prática, o imaginário e o real, os ideais e sua possível/impossível realização" (pp. 27-29).

Ressalta-se que a literatura destinada ao público infantil não poderia existir antes de a infância ser pensada como a concebemos nos dias atuais. Até o século XVII, a criança era vista como um adulto em miniatura. Ela não era considerada, ou pelo menos não era representada, enquanto identidade social. Lajolo e Zilberman (1999) acreditam que esse quadro é modificado com o surgimento da figura da família burguesa, e a consequência dessa nova configuração é uma maior união familiar. Nesse cenário, a criança passa a ser diferenciada do adulto, e essa nova valorização gera meios de controle do seu desenvolvimento intelectual e a manipulação das suas emoções. Cabe à Literatura Infantil, que é então criada, e à escola essa missão. Assim, a Literatura Infantil nasce em consequência do desejo de transmissão de valores do novo modelo familiar (LAJOLO; ZILBERMAN, 1999).

A literatura infantil brasileira, com as peculiaridades que possibilitam que ela seja assim definida, tem seu ponto de virada com a literatura lobatiana. Até os anos iniciais do século XX, as leituras oferecidas às crianças e aos jovens seguiam os mesmos modelos europeus. "Foi Monteiro Lobato que, entre nós, abriu caminho para que as inovações que começavam a se processar no âmbito da literatura adulta

4. Literatura infantil negra e afro-brasileira

Clarice Campos

(com o modernismo) atingissem também a infantil" (COELHO, 2000, p. 138). Sabemos que as marcas de subalternidade e a ausência de protagonismo das personagens negras na obra de Monteiro Lobato são temas de discussão para alguns estudiosos; porém, o foco aqui é trazer à luz a autoria e a representatividade positiva nas obras com temática negra ou afro-brasileira na literatura infantil. Apesar de meninos e meninas negras serem atravessados pelo racismo desde muito pequenos, concordamos com a professora Bárbara Carine quando diz que "as crianças se formam por uma perspectiva de reforço positivo, e não pela negação do que a sociedade racista afirma acerca de nós" (PINHEIRO, 2023, p. 108).

Além disso, consideramos o pensamento da professora Eliane Debus (2017), que nos fala que o texto literário partilha com os leitores, independentemente da idade, "valores de natureza social, cultural, histórica/ideológica, por ser uma realização da cultura e estar integrado a um processo comunicativo" (p. 29). Nesse sentido, nosso intuito, concordando com a visão de que os livros e as histórias são importantes para o desenvolvimento da imaginação, diversão, encantamento e compreensão do mundo, é trazer para a cena obras que contemplem a representatividade positiva e colaborem com o pleno desenvolvimento de crianças plurais.

É preciso considerar que a escola tem um papel importante na valorização da diversidade, possibilitando que as crianças entrem em contato com histórias de origem europeia, africana, indígena etc., ao mesmo tempo em que desconstrói estereótipos e preconceitos construídos pela sociedade. Desde a educação infantil, o professor que oferece narrativas e materiais que atendam à diversidade colabora para que as crianças componham um repertório cultural e construam uma relação de confiança com elas mesmas e com os outros. Conforme Hunt (2010):

> Do ponto de vista histórico, os livros para criança são uma contribuição valiosa à história social, literária e bibliográfica; do ponto de vista contemporâneo, são vitais para a alfabetização e para a cultura, além de estarem na vanguarda da relação entre palavra e imagem nas narrativas, em lugar da palavra simplesmente escrita (p. 43).

4. Literatura infantil negra e afro-brasileira

Clarice Campos

Sendo a escola um lugar socialmente reconhecido como privilegiado para as práticas literárias, é importante considerar a formação do professor e sua própria relação com os livros e as histórias. Nos anos iniciais, sobretudo, é o professor quem realiza as análises e escolhas das obras. As práticas literárias dentro da escola devem estar em conformidade com a legislação, além de refletirem as experiências pessoais e a formação do professor.

> **A Base Nacional Comum Curricular (BNCC) estabelece seis direitos de aprendizagem para a Educação Infantil:** conviver, brincar, participar, explorar, expressar-se e conhecer-se. Para garantir esses direitos, é urgente trabalhar com obras que, além de apresentarem qualidade no texto, na ilustração, na capa, no papel utilizado, no tamanho das letras, também sejam portadoras da diversidade de pessoas e de histórias. Conhecer-se significa estabelecer uma relação com o outro e com a própria identidade. Como bem argumenta Ferreira (2004), "a identidade é uma referência em torno da qual o indivíduo se autorreconhece e se constitui, estando em constante transformação e construída a partir de sua relação com o outro" (p. 47).

Ao trazer para o espaço escolar histórias que retratam a produção e o pioneirismo de pessoas negras nas ciências, nas artes e na filosofia, bem como conteúdos que enaltecem a beleza, a coragem e a sabedoria das crianças, independentemente da cor da pele, estamos indo contra as ideologias que reforçam discriminações e supremacias, instaurando novas relações baseadas no respeito. Essas questões nos interessam especialmente pelo desejo de que a escola, sendo um ambiente multicultural, seja um espaço de equidade, respeito, justiça e de divulgação de histórias que representem e valorizem todas as infâncias.

A partir do século XX, especialmente em consequência dos movimentos negros e identitários e da inclusão de questões raciais nas pautas de discussão, as publicações começaram a demonstrar uma preocupação maior com a valorização da identidade e com os aspectos culturais e históricos relacionados à cultura e à imagem do negro. Na contemporaneidade, é possível ver e ler além de personagens servis, submissos e histórias de escravização. Essa preocupação é fundamental para que todas as crianças se vejam inseridas e representadas dentro das histórias. Eliane Debus (2017) considera que:

> Se ler o outro e sobre o outro tem importância fundamental na formação leitora do indivíduo, o contato com textos literários, que apresentam personagens em diferentes contextos ou a existência de escritores oriundos de diferentes contextos permite uma visão ampliada de mundo (p. 22).

Outro ponto importante sobre a produção literária do segmento negro é que não há consenso sobre a sua denominação. Alguns a denominam literatura negra; outros, afro-brasileira. Cuti a denomina negro-brasileira, referindo-se à produção daqueles que se assumem como negros em seus textos. Segundo o autor, chamá-la de afro-brasileira induz ao afastamento da literatura brasileira, posicionando-a como um mero apêndice da literatura africana. A questão é que tanto a temática da

4. Literatura infantil negra e afro-brasileira

Clarice Campos

cultura negra quanto a autoria de escritores afrodescendentes estiveram, por muito tempo, apagadas.

Eliane Debus (2017) divide a produção literária de escritores afro-brasileiros que circula no mercado editorial em três categorias: a literatura que tematiza a cultura africana e afro-brasileira, sem focalizar a autoria; a literatura escrita por autores afro-brasileiros, categoria que a autora justifica pela não delimitação, por se tratar de um conceito em construção; e, por último, as literaturas africanas de língua portuguesa ou não, que não necessariamente adentram na especificidade da negritude.

Proponho aqui, a partir de exemplos, obras que podem fazer parte do acervo dos espaços escolares com temáticas relacionadas à população negra, à cultura africana ou afro-brasileira, que colaborem positivamente na formação das crianças da educação infantil e rompam com padrões e ideologias sustentadas pelo racismo. É muito comum ouvir de pessoas negras histórias sobre atitudes e falas preconceituosas sobre a textura e a forma dos seus cabelos. A população negra ainda luta, nos dias atuais, pelo direito de ter sua corporeidade respeitada dentro da sociedade. Como destaca a professora Nilma Lino Gomes (2002):

> O discurso pedagógico proferido sobre o negro, mesmo sem se referir explicitamente ao corpo, aborda e expressa impressões e representações sobre esse corpo. O cabelo tem sido um dos principais símbolos utilizados nesse processo, pois, desde a escravidão, tem sido usado como um dos elementos definidores do lugar do sujeito dentro do sistema de classificação racial brasileiro (p. 43).

A autora complementa afirmando que essa rejeição ao corpo e ao cabelo das pessoas negras pode gerar uma sensação de inferioridade, e a escola pode atuar tanto na reprodução desses estereótipos quanto na construção de estratégias para a sua superação. Assim, a utilização de histórias com a temática do cabelo crespo, que destacam a estética negra e rituais de cuidados de beleza que passam pelas gerações, pode servir como exemplo dessas estratégias.

LIVROS INFANTIS COM A TEMÁTICA DO CABELO CRESPO

A Copa Frondosa da Árvore (Nandyala, 2019), escrito por Eliana Alves Cruz e ilustrado por Bruno Cantú, relata as recordações da narradora sobre momentos importantes de sua infância e os sentimentos envolvidos no ritual em que a avó trançava os fios de seu cabelo, que, pela forma, lembravam a copa de uma árvore.

4. Literatura infantil negra e afro-brasileira

Clarice Campos

Betina (Maza, 2009), escrito por Nilma Lino Gomes e ilustrado por Denise Nascimento, também aborda a aprendizagem que passa de uma geração para a outra. Betina ensina suas filhas o penteado trançado que aprendeu com a mãe, a qual, por sua vez, aprendeu com sua avó. "Quando a avó terminava o penteado, Betina dava um pulo e corria para diante do espelho. Ela sempre gostava do que via" (p. 8).

Com qual Penteado eu vou? (Melhoramentos, 2021), escrito por Kiusam de Oliveira e ilustrado por Rodrigo de Andrade, conta a história das bisnetas e bisnetos que escolhem lindos penteados para comemorar o aniversário de 100 anos do bisavô, Benedito. As narrativas e as ilustrações dessa obra destacam não somente a beleza negra, mas também a coragem, a cultura, a inteligência, o afeto e a determinação — valores que ajudam a desconstruir padrões fixados no imaginário que atribuem inferioridade às características de pessoas negras.

© freepik.com

LIVROS COM HISTÓRIAS DE REIS, RAINHAS, PRÍNCIPES E PRINCESAS

Até pouco tempo, as crianças negras dificilmente podiam se identificar com personagens que representavam reis, rainhas, príncipes e princesas. Atualmente, temos lido histórias que, normalmente, vêm de fontes tradicionais africanas e afro-brasileiras e são importantes para estimular a imaginação e elevar a autoestima das crianças negras. Destacamos abaixo alguns exemplos.

Bucala: a pequena princesa do Quilombo do Cabula (Malê, 2019), de autoria de Davi Nunes e ilustrado por Daniel Santana. Bucala é uma princesa quilombola com o cabelo crespo em forma de coroa e possui poderes que permitem defender o quilombo.

OMO-OBA: História de Princesas (Mazza, 2009), de Kiusam de Oliveira e ilustrado por Josias Marinho. Nesse livro, a autora reúne histórias de princesas e rainhas, contadas e recontadas pelos povos africanos e afro-brasileiros.

Outro exemplo é *Princesas negras* (Malê, 2019), das escritoras Edileuza Penha de Souza e Ariane Celestino Meireles, com ilustrações de Juba Rodrigues. As princesas negras são descritas por características identificadas pelo olhar guiado pelo coração e pela sensibilidade. "Não são as roupas, coroas ou príncipes a cavalo que as identificam,

mas sim sua pele rica em melanina, seus cabelos crespos, sua sabedoria e sua ancestralidade" (p. 18).

LIVROS SOBRE MITOLOGIA, CRENÇAS E INFLUÊNCIAS HISTÓRICAS

Alguns autores optaram por escrever histórias sobre a mitologia, as crenças e as influências históricas herdadas da cultura africana e dos povos negros no Brasil. O professor, historiador e escritor Joel Rufino dos Santos escreveu muitas dessas histórias para crianças, que por muito tempo ficaram esquecidas, apagadas ou distorcidas. O *Presente de Ossanha* (Global, 1997), ilustrado por Maurício Veneza; e *Gosto de África: histórias de lá e daqui* (Global, 2005), ilustrado por Cláudia Scatamacchia, são alguns exemplos.

Joel Rufino dos Santos traz para a literatura histórias que ajudam a desfazer o mito da superioridade branca sobre as demais, contribuindo para que as crianças negras sintam orgulho de sua identidade, compreendam e valorizem as próprias histórias e as histórias de seus antepassados. Como resume Eliane Debus (2017), "os caminhos recontados por Joel Rufino dos Santos trazem marcas de pés calejados, que sofreram percalços de toda ordem, mas que, de vencidos, se fizeram vencedores" (p. 56).

As obras potencializadas pelo reconto de histórias que trazem em si marcas da tradição oral estão presentes também nas produções de Rogério Andrade Barbosa, professor e escritor, que, durante a década de 1980, deu aulas em escolas da Guiné-Bissau, no continente africano. Em sua obra, Rogério Andrade reúne histórias da cultura popular e experiências ouvidas e vividas durante o tempo em que viveu no continente africano. *Duula, a mulher canibal* (DCL, 1999), ilustrado por Graça Lima; *Histórias Africanas para contar e recontar* (Editora do Brasil, 2001), ilustrado por Graça Lima; e *Kakopi, Kakopi!: Brincando e jogando com crianças de 20 países africanos* (Melhoramentos, 2019), ilustrado por Marília Pirilo, são algumas delas. Rogério Andrade Barbosa é referência nesse tema, e muitas dessas histórias dialogam com narrativas conhecidas pelas crianças, facilitando a aproximação, mesmo para as crianças menores.

Outros exemplos são os recontos de histórias africanas presentes na vasta obra do escritor Celso Sisto. *Batu, o filho do rei* (DCL, 2015), ilustrado por Simone Matias; *Mãe África: mitos, lendas, fábulas e contos* (Paulus, 2007), ilustrado pelo escritor; e *Kalinda: A princesa que perdeu os cabelos e outras histórias africanas* (Escarlate, 2016), também ilustrada pelo escritor, são algumas delas.

A gaúcha Heloísa Pires Lima é outra autora que usa o reconto na construção de narrativas. Em 1998, publicou *Histórias da Preta* (Companhia das Letrinhas, 1998); *O Marimbondo do Quilombo* (Amarilys, 2010); e *O coração do baobá* (Amarilys, 2014).

A partilha literária desses autores citados nos fazem lembrar o alerta da escritora nigeriana Chimamanda Adichie (2019) para o perigo de uma história única, pois "[...] a história única cria estereótipos, e o problema com os estereótipos não é que sejam mentira, mas que são incompletos. Eles fazem com que uma história se torne a única história" (p. 26).

LIVROS QUE MOSTRAM AFETIVIDADE NO COTIDIANO FAMILIAR DE CRIANÇAS NEGRAS

A escritora Sonia Rosa (2021) criou o conceito de "literatura negro-afetiva" para designar histórias com o protagonismo de crianças negras cercadas de afeto. A autora define as características e peculiaridades

dessas narrativas: "são as histórias contadas e ilustradas em que a beleza e a força identitária de 'ser negro' se faz presente na sua melhor versão: gente bonita, calçada, penteada (penteados afros diversos), sorridente, feliz, com família e histórias para contar" (ROSA, 2021 sp).

Entre os livros que reúnem essas características, podemos citar: *Enquanto o Almoço não fica pronto...* (ZIT, 2020), escrito por Sonia Rosa e ilustrado por Bruna Assis Brasil; *Lia, lia* (Semente Editorial, 2020), escrito por Cintia Barreto e ilustrado por Camilo Martins; e *Ashanti, nossa pretinha* (Malê, 2021), escrito por Taís Espírito Santo e ilustrado por Cau Luís.

LIVROS COM A TEMÁTICA AFROFUTURISTA

Ainda em expansão no Brasil, destacamos uma literatura que explora a ficção especulativa para personagens negras. São tramas que abordam futuros possíveis para a população negra, utilizando a fantasia, a ficção científica, as tecnologias e o sobrenatural. Nesse contexto, essas narrativas buscam referências no maravilhoso e

4. Literatura infantil negra e afro-brasileira　　　　　　　　Clarice Campos

no insólito, conectando a força da ancestralidade com a potência do futuro. Ale Santos, Fábio Kabral, Lu Ain-Zaila, entre outros, são autores que escrevem dentro dessa perspectiva. Um exemplo de obra afrofuturista para a infância é *Afrofuturo: ancestral do amanhã* (Kitembo, 2023), escrito por Henrique André e ilustrado por Tutano Nômade. A história parte de uma pergunta feita por uma professora às crianças: Como você se vê no futuro? Trata-se de uma reflexão sobre o futuro de crianças pretas, que têm a possibilidade de pensar, sonhar, planejar e se organizar, sem esquecer que o nosso futuro começou com aqueles que vieram antes.

LIVROS QUE CONTAM A BIOGRAFIA DE PERSONAGENS NEGRAS

Histórias que narram trajetórias individuais de pessoas negras no contexto histórico em que vivem ou viveram são utilizadas como material potente na luta antirracista, para a inspiração de meninos e meninas, e, em alguns casos, trazem à luz histórias que foram apagadas.

A Editora Mostarda apresenta uma série de biografias de pessoas negras na coleção *Black Power*. Para as crianças menores, a editora dispõe da coleção *Meu primeiro Black Power* (Mostarda, 2022), escrita por Olrando Nilha e ilustrada por Leonardo Malavazzi, que inclui as biografias de Carolina Maria de Jesus, Mandela, os irmãos Rebouças, e Dandara e Zumbi. O objetivo desses textos é inspirar as novas gerações a partir da biografia de personagens que se tornaram símbolos de resistência e determinação.

Para concluir este capítulo, ressalto que a literatura infantil tem acompanhado as mudanças ocorridas nas sociedades de maneira geral, seja por mudanças ideológicas, resultados de lutas e reivindicações de grupos e movimentos identitários, ou até mesmo por aquelas impostas pela legislação, sobretudo pela Lei 10.639/03, que determina a obrigatoriedade do Ensino de História da África e da Cultura Afro-brasileira no currículo da educação básica. Como consequência, temos um aumento significativo na produção de obras que tematizam as questões étnico-raciais destinadas ao público infantil e juvenil, além de obras com a presença de personagens negras.

Além dos autores apresentados aqui, outros também resgatam em suas obras narrativas capazes de afetar positivamente crianças plurais de todas as idades, como Otávio Junior, Júlio Emílio Braz, Emicida, Lázaro Ramos, Elisa Lucinda, Cidinha da Silva, Georgina Martins, Jarid Arraes.

A literatura no espaço da Educação Infantil, com obras voltadas para a diversidade étnico racial, colabora para que as crianças construam formas de pensar, sentir e agir sobre si mesmas e sobre o outro. Daí a importância de entendermos a potência dessa literatura e nos articulamos para fazer circular conhecimentos em diferentes linguagens.

O posicionamento em uma movimentação coletiva garante o direito de todas as crianças de conhecer a história de seus antepassados e o legado que eles deixaram em favor da sociedade.

REFERÊNCIAS

ADICHIE, Chimamanda Ngozi. *O perigo de uma história única.* Companhia das Letras, 2019.

BRASIL. Lei nº 10.639, de 9 de janeiro de 2003. *Diário Oficial da União*, 10 jan. 2003, p. 01. Disponível em: https://www.planalto.gov.br/ccivil_03/leis/2003/l10.639.htm. Acesso em: 05 ago. 2024.

BRASIL. Lei nº 5.692, de 11 de agosto de 1971. *Diário Oficial da União*, 18 ago. 1971, p. 6.592. Disponível em: https://www.planalto.gov.br/ccivil_03/leis/l5692.htm. Acesso em: 10 ago. 2024.

BRASIL. Lei nº 13.145, de 16 de fevereiro de 2017. Altera as leis nº 9.394, de 20 de dezembro de 1996. *Diário Oficial da União*, 17 fev. 2017, p. 1. Disponível em: https://www.planalto.gov.br/ccivil_03/_ato2015-2018/2017/lei/l13415.htm. Acesso em: 05 ago. 2024.

COELHO, Nelly Novaes. *Literatura infantil*: teoria, análise, didática. São Paulo: Moderna, 2000.

CUTI, Luiz Silva. *Literatura negro-brasileira*. São Paulo: Selo Negro, 2010.

DEBUS, Eliane. *A temática da cultura africana e afro-brasileira na literatura para crianças e jovens.* São Paulo: Cortez Editora, 2017.

FERREIRA, Ricardo Franklin. *Afrodescendente:* Identidade em construção. São Paulo: EDUC/FAPESP; Rio de Janeiro: Pallas, 2004.

GOMES, Nilma Lino. Trajetórias escolares, corpo negro e cabelo crespo: reprodução de estereótipos ou ressignificação cultural? *Revista brasileira de Educação*, n. 21, pp. 40-51, 2002. Disponível em: https://doi.org/10.1590/S1413-24782002000300004. Acesso em: 10 ago. 2024.

HUNT, Peter. *Crítica, teoria e literatura infantil*. São Paulo: Editora Cosac Naify, 2010.

LAJOLO, Marisa; ZILBERMAN, Regina. *A formação da leitura no Brasil*. São Paulo: Ática, 1999.

PINHEIRO, Bárbara Carine Soares. *Como ser um educador antirracista:* Para familiares e professores. São Paulo: Planeta, 2023.

PINÕN, Nélida. Interpretações da memória. *Folha de S.Paulo*, São Paulo, 08 ago. 1999. Disponível em: https://www1.folha.uol.com.br/fsp/mais/fs08089919.htm. Acesso em: 10 ago. 2024.

ROSA, Sonia. Literatura negro-afetiva para crianças e jovens. *Portal Geledés,* 31 ago. 2021. Disponível em https://www.geledes.org.br/literatura-negro-afetiva-para-criancas-e-jovens/. Acesso em: 10 ago. 2024.

LITERATURA INFANTIL INDICADA

BARBOSA, Rogério Andrade. *Duula, a mulher canibal*: um conto africano. São Paulo: DCL, 1999.

BARBOSA, Rogério Andrade. *Kakopi, Kakopi!*: Brincando e jogando com as crianças de vinte países africanos. São Paulo: Editora Melhoramentos, 2019.

BARRETO, Cintia. *Lia, lia.* Espírito Santo: Semente Editorial, 2020.

CRUZ, Eliana Alves. *A Copa Frondosa da Árvore.* Belo Horizonte: Nandyala, 2019.

ESPÍRITO SANTO, Taís. *Ashanti:* nossa pretinha. Rio de Janeiro: Malê, 2021.

GOMES, Nilma Lino. *Betina*. Ilustrações de Denise Nascimento. Belo Horizonte: Mazza, 2009.

HENRIQUE, André. *Afrofuturo*: ancestral do amanhã. São Paulo: Kitembo, 2023.

LIMA, Heloísa Pires. *Histórias da preta*. São Paulo: Companhia das Letrinhas, 1998.

LIMA, Heloísa Pires. *O marimbondo do Quilombo*. São Paulo: Amarilys, 2010.

MEIRELES, Ariane Celestino; SOUZA, Edileuza Penha de. *Princesas negras e sabedoria ancestral*. Ilustração de Jujuba Rodrigues. Rio de Janeiro: Malê, 2018.

NILHA, Olrando. *Meu Primeiro Black Power*. São Paulo: Mostarda, 2022.

NUNES, Davi. *Bucala: a pequena princesa do quilombo do Cabula*. São Paulo: Editora Uirapuru, 2015.

OLIVEIRA, Kiusam de. *Com qual penteado eu vou?* São Paulo: Editora Melhoramentos, 2021.

OLIVEIRA, Kiusam de. *Omo-oba: histórias de princesas*. Ilustração de Josias Marinho. Belo Horizonte: Mazza, 2009.

ROSA, Sonia; BRASIL, Bruna Assis. *Enquanto o almoço não fica pronto*. Rio de Janeiro: Grupo Editorial Zit, 2020.

SANTOS, Joel Rufino dos. *Gosto de África: história de lá e daqui*. São Paulo: Global, 2005.

SANTOS, Joel Rufino dos. *O presente de Ossanha*. São Paulo: Global, 2006.

SISTO, Celso. *Batu, o filho do rei*. São Paulo: DCL, 2015.

SISTO, Celso. *Kalinda, a princesa que perdeu os cabelos, e outras histórias africanas*. São Paulo: Escarlate, 2016.

SISTO, Celso. *Mãe África: mitos, lendas, fábulas e contos*. São Paulo: Paulus, 2007.

5.

Tecnologias e cultura digital na escola

Clarice Campos

Acho que o quintal onde a gente brincou é maior do que a cidade. A gente só descobre isso depois de grande. A gente descobre que o tamanho das coisas há que ser medido pela intimidade que temos com as coisas. Há de ser como acontece com o amor. Assim, as pedrinhas do nosso quintal são sempre maiores do que as outras pedras do mundo. Justo pelo motivo da intimidade.

(Manoel de Barros)

Estamos vivendo um momento histórico muito especial, marcado pelo uso de diferentes tecnologias da informação e da comunicação. Sejam estudos, trabalho, lazer, ensino ou aprendizado, estamos ressignificando modos, tempos e espaços. A partir do meio digital, estamos transformando as interações sociais. Os processos de produção, circulação e consumo de linguagens, cultura, saberes e conhecimentos têm sido modificados pelo uso das tecnologias digitais.

Trocamos experiências com textos, imagens e sons. Conectamos informações e bens culturais em altíssima velocidade. Estamos na era das conexões. Aprendemos uns com os outros, utilizando as tecnologias para transformar essas informações em conhecimento. As próprias tecnologias facilitam a circulação dessas informações.

Todas essas mudanças apontam para a necessidade do letramento digital. Mas o que isso significa? Magda Soares (1998) propõe uma diferenciação entre alfabetização e letramento. Um indivíduo alfabetizado é aquele que sabe ler e escrever; entretanto, para a autora, um indivíduo letrado é aquele que vive no estado ou na condição de quem

Educação Literária para Crianças Plurais

pratica a leitura e a escrita de forma ativa e significativa. Assim, o letramento digital é o conjunto de habilidades que o indivíduo necessita para se comunicar utilizando a linguagem em meios digitais. Essas habilidades são essenciais para que o cidadão contemporâneo possa localizar informações, resolver problemas e tomar decisões.

É preciso considerar que conhecer e dominar os conceitos e as especificidades da linguagem em tempos de conectividade e com a utilização de novos mecanismos de leitura incorporados à tecnologia é importante. No entanto, o letramento vai além da simples compreensão das gramáticas dessas informações. Ser letrado nesse contexto significa possuir um conjunto de conhecimentos e práticas que capacitam os indivíduos a entender a estrutura e o funcionamento desses formatos, ao mesmo tempo em que realizam uma leitura crítica das informações que recebem.

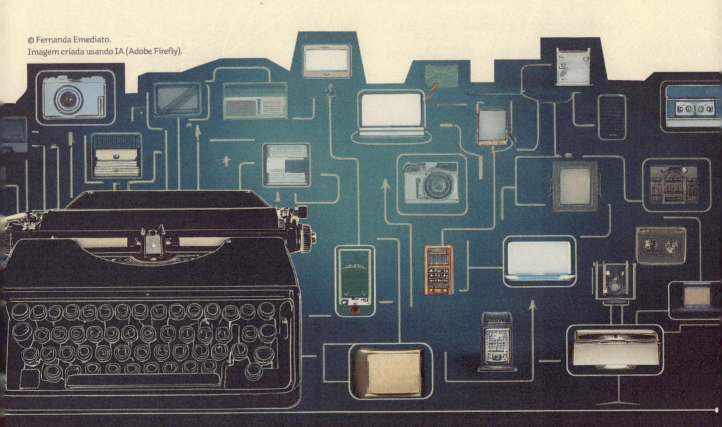

© Fernanda Emediato.
Imagem criada usando IA (Adobe Firefly).

5. Tecnologias e cultura digital na escola

Clarice Campos

No diálogo entre informação e tecnologias, somos, ao mesmo tempo, consumidores e produtores de conteúdo. Incorporando essa ideia ao contexto escolar, Carla Coscarelli (2007) afirma que, ao desenvolver o letramento digital dos alunos, as escolas estarão estimulando a formação de sujeitos críticos e participativos.

A reflexão sobre o acesso e a utilização dessa variedade de ferramentas digitais nas práticas culturais e de linguagem na produção de conhecimento nos leva à questão dos multiletramentos, ou seja, à existência de uma variedade de canais de comunicação e mídias. A pedagogia dos multiletramentos, de acordo com Roxane Rojo (2010), envolve, além da linguagem verbal, uma grande diversidade de linguagens. Entendemos que essa multiplicidade está ligada não apenas à diversidade de textos, mas à maneira como eles se apresentam.

O mundo mudou, evoluímos tecnologicamente, e o contexto educacional não está isento dessas mudanças. O professor precisa se apropriar desse universo, estudando, problematizando e propondo atividades que promovam a inclusão digital crítica das crianças. Nas salas de aula, essas múltiplas possibilidades de práticas letradas suscitam algumas interrogações: o que deve ser elencado nos currículos? De que modo essas práticas devem ser conduzidas? Quais contextos, culturas e mídias devem ser escolhidos? Como o trabalho com diferentes mídias pode colaborar para que as atividades sejam significativas e atraentes para os estudantes? Como podem colaborar para a formação de sujeitos críticos e criativos? E, finalmente, como podem modificar e facilitar a prática dos professores? (ROJO, 2010, p. 33).

Em síntese, além das fórmulas e modelos tradicionalmente fixados na escolha de materiais e atividades pedagógicas, estamos diante de novas possibilidades, com linguagens que coexistem, interagem e dialogam entre si. Reconhecemos que, ao lado dos livros, revistas, jogos e brinquedos, a escola tem agregado outros suportes, como televisão, vídeo, celular, computador, internet, entre outros, como aliadas nos processos de ensino e aprendizagem. Como consequência, cada vez mais, o cinema, a música, as imagens, as animações, os jogos e a educação se entrecruzam.

As questões sociais e culturais pelas quais estamos passando, tanto dentro quanto fora da escola, e as alterações nas relações humanas decorrentes das interações propiciadas pelas tecnologias foram antecipadas desde a década de 1990 por Pierry Lèvy. Naquela época, ele já considerava o computador um operador de potencialização da informação, vinculando-o ao surgimento de novos gêneros ligados à interação. (LÉVY,1996, p. 41).

Embora os computadores e outros instrumentos tecnológicos tenham se tornado ferramentas indispensáveis para muitas pessoas e atividades, a utilização dessas tecnologias no espaço escolar ainda não é consenso entre os educadores. Prejuízos para as relações interpessoais e o afastamento dos estudantes da leitura literária e do convívio social são alguns dos argumentos dos educadores que optam por não usar ferramentas digitais em suas aulas. Nada disso é novo se compararmos com as teorias que surgiram na época da criação do telefone, do rádio e da televisão.

O alcance das tecnologias da comunicação e da informação na sociedade contemporânea é incontestável. As crianças, desde muito novas, já chegam à escola em um contexto de múltiplas linguagens. O acesso à internet é uma realidade nos lares brasileiros. Segundo a pesquisa do Instituto brasileiro de Geografia e Estatística (IBGE), conforme dados do módulo Tecnologia da Informação e Comunicação da Pesquisa Nacional por Amostra de Domicílios Contínua (PNAD Contínua TIC), em 2022, 161,6 milhões de brasileiros com 10 anos ou mais utilizaram a internet. A pesquisa revela ainda um crescimento contínuo, com a internet presente em 91,5% dos domicílios, além de mudanças nos meios de acesso, destacando o telefone móvel celular (98,9%) como o mais comum (IBGE, 2022).

É importante reiterar que as crianças, desde muito pequenas, estão cercadas de diferentes recursos digitais no cotidiano. Elas utilizam dispositivos tecnológicos nas brincadeiras, nas interações com amigos, para buscar informações e navegam no ciberespaço antes mesmo da alfabetização. Elas trazem para a escola uma bagagem de conhecimentos prévios que deve ser considerada. Essas crianças formam o grupo denominado nativos digitais, isto é, já nasceram em um mundo digital e interagem com diferentes mídias.

© freepik.com

Vale lembrar que o manuseio desses suportes com estruturas híbridas e não lineares da hipermídia dá origem ao leitor imersivo, "aquele que navega através de fluxos informacionais voláteis, líquidos e híbridos — sonoros, visuais e textuais." (SANTAELLA, 2005, p. 10). Esse leitor se difere do leitor contemplativo, caracterizado por Santaella como o leitor do livro impresso e da imagem fixa, e também se distingue do leitor movente, que, de acordo com a autora, é familiarizado com as diferentes linguagens e está envolvido na leitura das imagens em movimento, como no cinema e na televisão.

5. Tecnologias e cultura digital na escola

Clarice Campos

A escola não pode ficar apartada da sociedade, uma vez que faz parte dela. O desafio é pensar em como as tecnologias podem ser incorporadas às práticas docentes de forma intencional e significativa para a aprendizagem dos estudantes.

Além do giz e do quadro, os professores já utilizam há algum tempo televisões, rádios, DVDs e computadores. Talvez por preconceito ou falta de conhecimento, outras possibilidades com as tecnologias de informação e comunicação não estejam sendo utilizadas em todo o seu potencial como ferramentas na educação. Como afirma a professora Cintia Barreto: "Faz-se necessário discutir, agora, as aprendizagens e os novos papéis da docência e da discência no ciberespaço" (BARRETO, 2023, p. 185).

As tecnologias estão presentes nos espaços escolares há bastante tempo. Por essa razão, o momento agora é refletir como utilizar os recursos tecnológicos e ter bem definidos os objetivos que justifiquem sua utilização. O papel da educação, nesse caso, é contribuir de maneira responsável para o uso dessas ferramentas. Conforme Castells, "as tecnologias da informação, junto com a habilidade para usá-las e adaptá-las, são o fator crítico para gerar e possibilitar acesso à riqueza, poder e conhecimento no nosso tempo" (CASTELLS, 2002, p. 101).

É preciso considerar que as Diretrizes Curriculares Nacionais para a Educação Infantil definem a Educação Infantil como a primeira etapa da Educação Básica a ser oferecida em creches e pré-escolas para crianças de 0 a 5 anos. Essas diretrizes estabelecem que "a proposta pedagógica das instituições de Educação Infantil deve ter como objetivo garantir à criança acesso a processos de apropriação, renovação e articulação de conhecimentos e aprendizagens de diferentes Linguagens" (2010, p. 18). Os eixos norteadores, interações e brincadeiras estabelecidos nessas diretrizes tratam da garantia de experiências que "possibilitem a utilização de gravadores, projetores, computadores, máquinas fotográficas e outros recursos tecnológicos e midiáticos (2010, p. 27). Logo, é importante destacar que dispositivos como computadores, celulares ou *tablets*, bem como jogos e aplicativos, podem contribuir positivamente para a aprendizagem e formação das crianças.

Por outro lado, apesar das facilidades e do fascínio proporcionados por esses aparatos, não podemos esquecer que, além de serem instrumentos de integração, eles também têm um caráter ideológico e de poder. O embasamento a partir de estudos e pesquisas, assim como a formação continuada, auxilia os educadores para que as escolhas de materiais e práticas sejam cuidadosas, críticas e responsáveis.

Pesquisas como a conduzida em 2023 pelo Centro Regional de Estudos para o Desenvolvimento da Sociedade da Informação (CETIC) revelaram que crianças estão se conectando à internet mais cedo no Brasil. O estudo mostrou que 24% dos entrevistados se conectaram à rede ainda na primeira infância, ou seja, antes dos 6 anos de idade.

Em 2016, a Sociedade Brasileira de Pediatria (SBP), que agrega 22 mil médicos pediatras, publicou um manual de orientação intitulado

5. Tecnologias e cultura digital na escola

Clarice Campos

Saúde de Crianças e adolescentes na Era Digital. Neste manual, os profissionais da saúde compartilham informações sobre o uso das tecnologias para famílias, crianças, adolescentes e professores.

O manual chama a atenção para as transformações ocorridas no mundo, nos comportamentos e nos relacionamentos entre as pessoas, motivadas pelas tecnologias de informação e comunicação. Também inclui recomendações sobre o tempo de exposição às mídias, a necessidade de atualização de materiais, programas e aplicativos educativos por parte de professores e gestores escolares, cuidados com a segurança de senhas e privacidade, e atenção ao tempo dedicado ao sono, à alimentação e ao convívio com as outras pessoas. Segundo a publicação, uma parcela dos problemas surgidos a partir do uso dessas tecnologias não é percebida ou é naturalmente incorporada à rotina familiar, pois alguns pais, assim como os filhos, também são nativos digitais, ou seja, já nasceram cercados e utilizando ferramentas da era digital (CETIC, 2016).

As tecnologias de informação e comunicação avançam com uma rapidez que, muitas vezes, torna impossível para usuários comuns acompanhar essa velocidade. As consequências dessa revolução, que está causando efeitos profundos em nossa existência, nem sempre são positivas. Os formatos são relativamente novos; por isso, algumas questões já foram superadas, enquanto outras ainda estão em plena transformação. Nesse cenário, qual será o destino da escrita e da leitura como consequência do uso de telas, imagens e comunicação eletrônica?

É preciso considerar que as mídias não competem com a escola. Quando bem utilizadas, elas possibilitam experiências potencializadoras para a produção de conhecimento. Assim, ferramentas tecnológicas podem se conjugar com materiais impressos. O leitor contemporâneo está imerso em novas formas e modalidades de composição, difusão e leitura do texto, o que nos remete a reflexões sobre a história da leitura e a construção do autor e do leitor.

Roger Chartier (2002) propõe uma perspectiva diferente da simples oposição entre livro, escrita e leitura de um lado e tela e imagem do outro. Para o autor, a tela é um novo suporte para a cultura escrita, ou seja, uma outra forma de livro. Não se trata de uma oposição entre livro impresso e livro eletrônico. As formas impressas já conhecidas (livros, revistas, jornais) e o texto na tela coexistirão. Sobre as diferenças entre ler e escrever na modalidade digital, o autor faz as seguintes considerações: "A escrita para ser lida na tela requer outros hábitos, outras técnicas, e não somente a substituição de um suporte pelo outro" (CHARTIER, 2002, pp. 105-110).

Cumpre observar que, assim como Chartier, outros autores consideram literatura digital ou eletrônica apenas aquela que utiliza ferramentas próprias das tecnologias, como imagens, animações, falas, sons, hipertextos e a possibilidade de construção colaborativa. Não se inclui nessa modalidade textos originalmente concebidos para o meio impresso e depois transformados em arquivos, como o PDF. Evidentemente, uma obra de literatura digital não precisa utilizar todas essas ferramentas ao mesmo tempo. Cada obra emprega dessas ferramentas de acordo com o público desejado e a disponibilidade de recursos.

Na mesma perspectiva, Edgar Roberto Kirchof (2014) define a literatura digital ou literatura eletrônica para crianças como:

> A literatura digital (ou literatura eletrônica) para crianças pode ser definida como todo e qualquer experimento literário endereçado ao público infantil para ser lido exclusivamente em meio digital. Visto que tais obras são produzidas com linguagem de programação de computador, geralmente apresentam recursos hipertextuais e hipermidiáticos como parte integrante da composição e mesclam formas literárias com jogos eletrônicos, filmes, animações, arte digital, design gráfico, cultura visual eletrônica e recursos acústicos eletrônicos, entre outros, o que as torna produtos híbridos por excelência. (KIRCHOF, 2014, sp)

São textos que possuem uma identidade e uma construção específicas para leitura no meio digital e que, em alguns casos, permitem uma atuação mais colaborativa do leitor. Nesse tipo de obra literária, as crianças podem interferir, alterando o curso da história, introduzindo sons ou modificando imagens. O texto eletrônico ou digital altera as relações entre a escrita e a leitura, e entre o autor e o leitor. A hipertextualidade, por sua vez, permite a leitura não linear. Com um clique, o leitor pode pular de um texto para outro, navegando por múltiplos caminhos. É o que Pierre Lévy caracteriza de "texto móvel, caleidoscópio, que apresenta suas facetas, gira, dobra e desdobra-se à vontade diante do leitor" (LÉVY, p. 59).

A natureza híbrida dos textos no meio digital, sobretudo os destinados às crianças pequenas, faz com que alguns se aproximem mais ou menos dos jogos. Essa categorização é considerada infrutífera por Aline Frederico, pois essas obras possuem características de ambas as formas narrativas. "No caso da Literatura Infantil e Juvenil, nem mesmo o trabalho com a linguagem escrita é uma exigência, uma vez que neste campo há uma forte tradição literária centrada na imagem, destacando-se, por exemplo, o livro-imagem" (FREDERICO, 2024, p. 10). A autora complementa argumentando que a literariedade dessas obras está relacionada ao aspecto poético e ficcional que apresentam e não necessariamente ao suporte em que são apresentadas.

A qualidade literária de livros no modelo tradicional e das obras que utilizam ferramentas tecnológicas deve-se principalmente à qualidade da narrativa, às ilustrações e ao cuidado estético. É certo que obras em ambos os formatos são capazes de ampliar experiências, conhecimento, leitura crítica e aperfeiçoamento da linguagem, aspectos fundamentais para a educação literária e a formação de crianças plurais.

O entendimento do que significa literatura pode ser determinado ou alterado pelo contexto histórico. Nas palavras de Nelly Novaes Coelho:

> A Literatura é uma linguagem específica que, como toda linguagem, dificilmente pode ser definida com exatidão. Cada época compreendeu e produziu literatura a seu modo. Conhecer esse "modo" é, sem dúvida, conhecer a singularidade de cada momento da longa marcha da humanidade em sua constante evolução. (COELHO, 2000, p. 27)

5. Tecnologias e cultura digital na escola

Clarice Campos

Essa afirmação nos ajuda a compreender que o modo como lemos e escrevemos literatura hoje certamente não é o mesmo de duas décadas atrás e provavelmente será diferente do que teremos nos anos vindouros. Podemos afirmar que os comportamentos, os interesses e a relação das crianças com os livros mudam de acordo com o tempo histórico.

© freepik.com

Do ponto de vista das possibilidades interativas propiciadas pelo uso das tecnologias, muitas crianças já chegam à escola familiarizadas e inseridas no universo digital. Crianças muito pequenas já são capazes de explorar, interagir e dominar o manuseio de celulares, jogos eletrônicos e livros interativos. No ambiente escolar, entretanto, é possível sistematizar dessa atuação. O controle dos comandos de teclas, o conhecimento das funções básicas, ajustes e o manuseio do *mouse*, entre outros, são habilidades que podem ser ensinadas por meio de jogos e brincadeiras.

A evolução do livro para algo mais global e o fato de o modelo contemporâneo convergir com outras possibilidades, como o audiovisual e os jogos, abre um novo capítulo nas descobertas e práticas literárias. Os recursos tecnológicos estão alterando a produção literária e o acesso à leitura, tanto para os estudantes quanto para os professores. As práticas pedagógicas na educação infantil, que incluem formatos diversos, inclusive o digital, aliadas à mediação, contribuem para o incentivo à leitura e para a formação do leitor literário.

Como educadores, trabalhamos para que os estudantes desenvolvam as competências necessárias para o convívio com os outros e com as tecnologias. Seja lendo um livro impresso ou interagindo na tela, nos empenhamos na formação de sujeitos colaborativos, capazes de buscar soluções para os problemas que surgem e de ler e se comunicar de forma crítica.

5. Tecnologias e cultura digital na escola

Clarice Campos

O uso da literatura em outros suportes além do impresso significa contextualizar o estudante no meio social e reconhecer que as tecnologias fazem parte da contemporaneidade. Significa também tornar a escola e as atividades educativas parte do que a criança já vive em casa e em outros espaços da sociedade.

Sabemos que o engajamento dos professores, principalmente diante do que se apresenta como novo, não é totalizante. Porém, temos conhecimento de muitas experiências exitosas e de profissionais empenhados em formações com a finalidade de adquirir conhecimentos e saberes que os tornem aptos a realizar atividades e desenvolver projetos com a utilização das tecnologias como ferramentas pedagógicas em suas aulas.

Vale compartilhar alguns projetos que desenvolvi com estudantes da rede pública da cidade do Rio de Janeiro durante o período em que atuei como docente. Como professora e gestora na Educação Fundamental e na Educação Infantil, sempre acreditei na importância do estreitamento dos laços entre professor e estudante, na participação ativa e nas ações colaborativas entre os envolvidos nos processos de ensino e aprendizagem. Atuando como facilitadora de aprendizagens, criei com meus alunos projetos de leitura e escrita utilizando as ferramentas tecnológicas disponíveis. Uma das primeiras experiências foi a criação de uma rádio escolar: utilizando fitas cassete, os estudantes gravavam poemas e pequenas histórias para serem trasmitidos na "hora do intervalo".

Na sequência, outra atividade que envolvia literatura e tecnologias eram as sessões cineclubistas com filmes e animações, sobretudo adaptações de obras literárias. Após as exibições, realizávamos conversas e debates. Em algumas oportunidades, os estudantes puderam conversar com autores dos livros, atores e diretores dos filmes assistidos.

Mais tarde, criamos curtas de animação a partir da adaptação de obras literárias dos acervos das salas de leitura das escolas. Em ações colaborativas, os alunos elaboravam roteiros, desenhavam *storyboards*, construíam personagens e cenários, captavam imagens, e narraram e editavam utilizando sons e músicas. Algumas dessas adaptações participaram de mostras e festivais.

Com o gênero fotonovela, foram criados roteiros, e, posteriormente, alguns estudantes atuavam enquanto outros fotografavam para compor as cenas. Na edição, incluíam-se os diálogos com balões, músicas e sons. Os recursos da tecnologia também foram utilizados para a criação de poemas animados, com palavras e imagens que se moviam na tela do computador. Esses foram apenas alguns exemplos da integração da literatura com ferramentas tecnológicas. Algumas dessas atividades foram realizadas com crianças do Ensino Fundamental, mas, com as devidas adequações, podem ser aplicadas a estudantes de outros níveis e idades. Acreditando que a formação dos leitores na escola deve ser enriquecida com experiências amplas e significativas, cabe aos professores ampliar práticas e estratégias com histórias clássicas ou contemporâneas, seja no formato impresso ou digital.

Finalizo ressaltando que a formação contemporânea de adultos e crianças já está alterada pelo ambiente tecnológico em que vivemos. A escola cumprirá seu papel ao contribuir para a inclusão social de crianças plurais dentro dessa configuração.

REFERÊNCIAS

BARRETO, Cintia. *Literatura e Tecnologias: aprendizagem e criação em tempos de pandemia*. In: JOSIOWICZ, Aleindra J.; VELOZO, Naira de Almeida (Orgs.). *Humanidades digitais na América latina*: linguagens, metodologia e práticas de análise. Campinas: Pontes Editores, 2023. p. 181-195.

BRASIL. *Diretrizes Curriculares Nacionais para a Educação Infantil*. Brasília: Ministério da Educação, 2010.

CASTELLS, Manuel. *A sociedade em rede*. São Paulo: Paz & Terra, 2002.

CETIC. TIC Kids Online Brasil 2023: Crianças estão se conectando à internet mais cedo no país. CETIC, 24 out. 2023. Disponível em: https://cetic.br/pt/noticia/tic-kids-online-brasil-2023-criancas-estao-se-conectando-a-internet-mais-cedo-no-pais/. Acesso em: 12 ago. 2024.

CHARTIER, Roger. *Os desafios da escrita*. São Paulo: Unesp, 2002.

COELHO, Nelly Novaes. *Literatura infantil*: teoria, análise e didática. São Paulo: Editora Moderna, 2000.

COSCARELLI, Carla; RIBEIRO, Ana Elisa. *Letramento digital*: aspectos sociais e possibilidades pedagógicas. Belo Horizonte: Autêntica, 2011.

FREDERICO, Aline. O futuro do leitor ou o leitor do futuro: o livro infantil interativo e os letramentos múltiplos. *Cadernos de Letras da UFF*, v. 26, n. 52, pp. 101-120, 2016. Disponível em: https://doi.org/10.22409/cadletrasuff.2016n52a195. Acesso em: 12 ago. 2024.

IBGE. Internet chega a 87,2% dos brasileiros com mais de 10 anos em 2022, revela IBGE. IBGE, Brasília, 09 nov. 2023. Disponível em: https://www.gov.br/mcom/pt-br/noticias/2023/novembro/internet-chega-a-87-2-dos-brasileiros-com-mais-de-10-anos-em-2022-revela-ibge . Acesso em: 27 jul. 2024.

KIRCHOF, Edgar Roberto. Literatura digital para crianças. *Glossário CEALE*, Minas Gerais, 2014. Disponível em: https://www.ceale.fae.ufmg.br/glossarioceale/verbetes/literatura-digital-para-criancas. Acesso em: 12 ago. 2024.

LÉVY, Pierre. *O que é o virtual?* São Paulo: Editora34, 1996.

LÉVY, Pierre. *Cibercultura*. Editora34, 2010.

ROJO, Roxane. *Alfabetização e letramentos múltiplos*: como alfabetizar letrando. In: RANGEL, Egon de Oliveira; ROJO, Roxane Helena Rodrigues (Coords.). *Língua portuguesa*: ensino fundamental. (Coleção Explorando o Ensino, v. 19). Brasília: Ministério da Educação, 2010. p. 15-36.

SANTAELLA, Lucia. *Os espaços líquidos da cibermídia*. In: E-Compós. 2005.

SOARES, Magda. O que é letramento e alfabetização. In: SOARES, Magda. *Letramento*: um tema em três gêneros. Belo Horizonte: Autêntica Editora, 2009. pp. 27-60.

SOCIEDADADE BRASILEIRA DE PEDIATRIA. Saúde das crianças e adolescentes na era digital. SBP, 2016. Disponível em: https://www.sbp.com.br/fileadmin/user_upload/2016/11/19166d-MOrient-Saude-Crian-e-Adolesc.pdf. Acesso em: 12 ago. 2024.

6.
Ecoliteratura e contemporaneidade

Cintia Barreto

> Enquanto isso — enquanto seu lobo não vem —, fomos nos alienando deste organismo de que somos parte, a Terra, e passamos a pensar que ele é uma coisa e nós, outra: a Terra e a humanidade. Eu não percebo onde tem alguma coisa que não seja natureza. Tudo é natureza. O cosmos é natureza. Tudo que eu consigo pensar é natureza.
>
> **(Ailton Krenak)**

A ecoliteratura trata o meio ambiente não mais como pano de fundo, mas como o centro da narrativa, mostrando que nós, seres humanos, somos natureza. Ela pressupõe a relação entre a literatura e o meio ambiente. Atualmente, devido às intensas mudanças climáticas, o tema se torna imprescindível para a sobrevivência humana.

Em tempos de preservação ambiental, surgem cada vez mais livros que abordam a relação entre homem e natureza. *Nanã* (2024), publicado pela editora Pingo de Luz, escrito por Mirian da Silva Cavalcanti e ilustrado por Camilo Martins, traz a história de Nanã, uma gota de chuva que caiu do céu. A protagonista leva os leitores a transitarem o mundo pelas paisagens naturais. A narrativa é feita com base na perspectiva da gota de chuva, ou seja, da natureza.

Os quatro elementos da natureza — terra, fogo, ar e água — são personagens fundamentais tanto na constituição do universo quanto na narrativa. *Nanã* nos possibilita adentrar na floresta, nos rios e mares, através de rochas, plantas e animais. O livro apresenta todos os percalços da trajetória feminina em busca de si mesma, construindo a jornada da heroína. O ciclo da vida e o recomeço constante da travessia são destacados, e a narrativa poética e sinestésica aponta para detalhes da natureza e de tudo que nela vive.

As ilustrações de Camilo Martins imprimem brasilidade à narrativa, ampliando a fruição e a compreensão, levando os leitores a percorrerem as paisagens naturais. Assim como o texto, as ilustrações também criticam as ações humanas que têm levado a natureza ao colapso. Dessa forma, o livro alerta as crianças sobre o comportamento nocivo à preservação do planeta e da espécie humana.

Nanã possibilita ao pequeno leitor conscientizar-se sobre a importância da natureza e a responsabilidade das ações humanas na preservação do planeta. Por meio da ecoliteratura, as crianças ampliam sua bagagem cultural, vivenciam a relação entre homem e meio ambiente e compreendem melhor o mundo que as cerca.

Outra obra para crianças, um exemplo de ecoliteratura, é *O mundo aqui dentro* (2023, no Brasil), publicado pela editora Pingo de Luz, escrito pela norte-americana Deborah Underwood, ilustrado pela também norte-americana Cindy Derby e traduzido pela brasileira Raisa Korovaeff. A obra foi publicada pela primeira vez em 2020 nos Estados Unidos e ficou na lista dos melhores livros do ano de literatura infantojuvenil pelo *New York Times*. Contemplada com a medalha Caldecott (EUA/2021), prêmio Golden Kite (EUA/2021) e o

6. Ecoliteratura e contemporaneidade

Cintia Barreto

Selo "Seleção" Cátedra da Unesco de Leitura PUC-Rio (2023), *O mundo aqui dentro* (*Outside in*) faz-nos pensar se é possível separar o mundo lá de fora do mundo aqui dentro.

A narrativa apresenta a constante presença da natureza (o "mundo lá de fora") em nosso cotidiano (o "mundo aqui dentro"), seja pelos raios de sol que entram em nossa casa pelas janelas, pela borboleta que voa ao nosso redor, pelos sons e cheiros da mata e dos jardins, pela chuva, pelas sementes que nos alimentam e pelo algodão que nos veste. O contato com a vida natural está sempre presente em nossas vidas, mas nem sempre refletimos e admiramos suas belezas, já que a sociedade contemporânea está em constante movimento.

A literatura de Deborah Underwood é permeada por metáforas e sinestesias, enquanto as ilustrações de Cindy Derby ampliam os sentidos do texto escrito e convidam os pequenos leitores a perceberem a relação entre o homem e a natureza. Com imagens expressionistas, a ilustradora constrói cenas repletas de poesia e delicadeza, intensificando o tom contemplativo e reflexivo da obra. Há um diálogo perfeito entre o texto não verbal, expressado por meio da técnica em aquarela combinada ao grafite; e o texto verbal, transmitindo por meio das imagens o pensamento da protagonista sobre a ligação entre o interno e o externo em sua vida. Vale ressaltar a sensibilidade e a habilidade da tradutora brasileira, residente no exterior, Raisa Korovaeff, em trazer para a língua portuguesa essa obra de ecoliteratura, que é imprescindível em nosso país. Em tempos de conscientização ambiental, *O mundo aqui dentro* possibilita às crianças compreender que fazemos parte de um todo maior, e que o que acontece com a natureza gera consequências em nossas vidas.

Uma obra importante para pensarmos em práticas de educação ambiental no espaço escolar é *Por todas as gerações que estão por vir* (2022), publicado pela editora Pingo de Luz, escrito por Severn Cullis-Suzuki, ilustrado por Ana Suárez e traduzido por Andrea Doréa. O livro surge como um alerta sobre os impactos das ações humanas nocivas ao meio ambiente e, consequentemenmte, à continuidade da espécie humana. Hoje, mais do que nunca, é essencial que crianças e jovens tenham acesso a diferentes gêneros literários e à bibliodiversidade. *Por todas as gerações que estão por vir* pertence ao gênero biográfico com caráter literário, uma vez que, ao apresentar a biografia da jovem ativista ambiental, mistura traços de dissertação e narração. Ao final, a obra traz comentários do geólogo espanhol Alex Nogués, que nos alerta: "Pense de forma global, mas aja de forma local" (NOGUÉS, 2022, p. 52).

6. Ecoliteratura e contemporaneidade

Cintia Barreto

O livro traz a voz da canadense Severn Cullis-Suzuki, então com doze anos, que pronunciou seu discurso no evento em que todas as nações do planeta haviam sido convocadas para a Cimeira da Terra (Eco-92), organizada pelas Nações Unidas e realizada no Rio de Janeiro, Brasil. Pela primeira vez, tentou-se alinhar o progresso humano com a saúde do planeta. Nesse momento, o conceito de desenvolvimento sustentável, que até hoje não compreendemos plenamente, foi apresentado por uma menina que chamou a atenção do mundo para os perigos do aquecimento global, das mudanças climáticas e dos desastres ambientais que estavam se evidenciando, todos causados pela irresponsabilidade humana para com o planeta.

Além de refletir sobre a conexão homem-natureza e as consequências das mudanças climáticas no século XXI, o mercado editorial tem publicado, cada vez mais, obras de literatura infantil que abordam temas atuais, como as tragédias ambientais causadas pela devastação humana. Nesse contexto, sugerimos duas obras: *Sagatrissuinorana*, de João Luiz Guimarães; e *Um dia, um rio*, de Leo Cunha.

Sagatrissuinorana (2020), publicado pela editora Ôzé, escrito por João Luiz Guimarães e ilustrado por Nelson Cruz, recebeu o prêmio Jabuti em 2021 nas categorias "livro infantil" e "livro do ano". A narrativa aborda o rompimento das barragens de Mariana e Brumadinho, em Minas

Gerais, partindo da releitura da fábula "Os Três Porquinhos". A intertextualidade também está presente na obra como uma homenagem a João Guimarães Rosa e seu *Grande sertão: veredas*. A narrativa utiliza a sintaxe roseana com seus neologismos, começando pelo título (Saga + tri + suíno + rana), que remete ao neologismo *Sagarana* (saga + rana, em tupi = "semelhante a") de Guimarães Rosa. Assim, *Sagatrissuinorana* é "semelhante à saga dos Três Porquinhos". Misturando realidade e ficção, o livro critica as duas grandes tragédias ambientais ocorridas no Brasil, denunciando e estimulando os pequenos leitores a agirem como agentes de transformação planetária. Por meio da literatura, as crianças vivenciam o mundo ao seu redor e compreendem melhor a si mesmas e a sociedade da qual fazem parte, aprendendo desde cedo sobre a relação entre meio ambiente, humanos e animais. Dessa forma, o livro promove a consciência social das crianças.

Um dia, um rio (2016), publicado pela editora Pulo do Gato, escrito por Leo Cunha e ilustrado por André Neves, faz refletir sobre o desastre na cidade de Mariana (MG). O Rio Doce é antropomorfizado na poesia sensorial do escritor mineiro. O protagonista é o próprio rio, que narra a tragédia do rompimento da barragem de rejeitos da mineradora Samarco. O eu lírico, assim, assume a *persona* com qualidades humanas e expressa a dor de estar sob os efeitos danosos de ações humanas inadequadas. Sua vida é retratada poeticamente até que a tragédia mudou o curso de sua história. O livro, além de ampliar a bagagem linguística, literária e cultural dos leitores, faz

6. Ecoliteratura e contemporaneidade

Cintia Barreto

um alerta sobre as condições ambientais na contemporaneidade. Como salienta Yolanda Reyes:

> Precisamos de histórias, de poemas e de toda a literatura possível na escola, não para sublinhar ideias principais, mas para favorecer uma educação sentimental. Não para identificar a moral da história, ensinamentos e valores, mas para empreendermos esta antiga tarefa do 'conhece-te a ti mesmo' e 'conheça os demais'. (REYES, 2012, p. 28)

A contemporaneidade tem produzido inúmeras mudanças na sociedade. De forma local e global, estamos em um momento histórico em que as barreiras geográficas não são mais empecilhos para que nos aproximemos uns dos outros. O uso constante das novas tecnologias permite romper distâncias espaciais antes inimagináveis. Temos acesso a informações com um simples clique nas telas dos celulares e teclados dos computadores. Diante disso, por que parecemos estar cada vez mais dicotômicos e distantes? Por que o mundo contemporâneo parece, por vezes, repetir comportamentos ultrapassados? Por que é tão difícil compreender o contemporâneo?

Para refletirmos sobre o conceito de contemporaneidade, recorremos a alguns teóricos como Karl Erik Schøollhamer e Giorgio Agamben. Para Schøollhamer:

> O contemporâneo é aquele que, graças a uma diferença, uma defasagem ou um anacronismo, é capaz de captar seu tempo e enxergá-lo. Por não se identificar, por sentir-se em desconexão com o presente, cria um ângulo do qual é possível

expressá-lo. Assim, a literatura contemporânea não será necessariamente aquela que representa a atualidade, a não ser por uma inadequação, uma estranheza histórica que a faz perceber as zonas marginais e obscuras do presente, que se afastam de sua lógica. Ser contemporâneo, segundo esse raciocínio, é ser capaz de se orientar no escuro e, a partir daí, ter coragem de reconhecer e de se comprometer com um presente com o qual não é possível coincidir. (SCHØOLLHAMER, 2009, p. 9-10)

Conforme Agamben, "Aqueles que coincidem muito plenamente com a época, que em todos os aspectos a ela aderem perfeitamente, não são contemporâneos porque, exatamente por isso, não conseguem vê-la, não podem manter fixo o olhar sobre ela" (2009, p. 59). A ecoliteratura acende um farol para a construção das relações humanas, promovendo o distanciamento necessário para a tomada de consciência sobre os desafios apresentados hoje.

A literatura é uma forma de conhecimento, uma maneira de ler o outro, suas relações sociais, interpessoais, comportamentais e sentimentais. Com a literatura infantil, não é diferente. Dessa forma, por meio da literatura, as crianças

6. Ecoliteratura e contemporaneidade

Cintia Barreto

conhecem outras crianças, suas relações familiares, suas culturas e vivenciam suas emoções. Conforme Tzvetan Todorov:

> A literatura amplia nosso universo, incita-nos a imaginar outras maneiras de concebê-lo e organizá-lo. Somos todos feitos do que os outros seres humanos nos dão: primeiro nossos pais, depois aqueles que nos cercam; a literatura abre ao infinito essa possibilidade de interação com os outros e, por isso, nos enriquece infinitamente. (TODOROV, 2009, p. 23)

O espaço escolar contribui para a formação humana, o desenvolvimento da cidadania e a construção de competências individuais e coletivas. Nesse contexto, a educação literária surge como um aspecto fundamental para reflexões que levam à transformação social. Ao considerarmos o texto literário não apenas como uma fonte de conhecimento, mas também como uma expressão dos sentimentos humanos, as escolhas dos livros que compõem os acervos literários das escolas devem incluir uma multiplicidade temática, a fim de abarcar as mais diferentes relações socioemocionais, culturais e linguísticas.

Segundo a escritora Ana Maria Machado, "A leitura de bons livros, além de toda a força da experiência estética vivida, de intenso conteúdo emocional, nos dá algo extraordinário: ensina a tolerância a cada indivíduo e nos facilita o convívio com a diversidade cultural e social" (MACHADO, 2011, p. 27).

Vale ressaltar que a Lei 11.645/08 tornou obrigatório o estudo da história e da cultura afro-brasileira e indígena nos estabelecimentos de Ensino Fundamental e de Ensino Médio. Nesse contexto, da educação infantil ao ensino superior, o sistema educacional tem se movimentado para implementar esses estudos, a fim de garantir uma educação diversa e que respeite os povos que compõem a formação brasileira. Complementando a Lei 10.639/03, que tornou obrigatório o estudo da história e da cultura afro-brasileira nas instituições de ensino públicas e privadas, a "nova" lei, apesar de ainda não estar completamente implementada nas escolas brasileiras, promoveu a ampliação da produção editorial da chamada "literatura indígena contemporânea", que ganhou força com a publicação da obra *Histórias de Índio*, escrita por Daniel Munduruku e publicada pela Companhia das Letrinhas em 1996. Antes disso, não havia uma literatura indígena tal qual conhecemos hoje, escrita para as crianças. Daniel Munduruku reuniu vários autores indígenas para iniciar a publicação de literatura infantil.

É certo que as literaturas indígenas, atualmente, têm mais espaços de publicação e circulação do que tinham nos anos 1980, quando as escolas indígenas iniciaram e necessitaram de materiais. Isso se deve, em parte, à demanda editorial gerada por programas governamentais de distribuição de obras que visam à implementação da Lei 11.645/08 nas escolas públicas brasileiras. A abertura das editoras ampliou a visibilidade e o reconhecimento de autores como Ailton Krenak, Auritha Tabajara, Cristino Wapichana, Daniel Munduruku, Eliane Potiguara, Graça Graúna, Lucia Tucuju, Marcia Kambeba, Tiago Hakiy e Olívio Jekupé. A partir dos anos 2000, surgiram muitos novos escritores indígenas com obras que valorizam a natureza, a tradição, a oralidade, a ancestralidade, a memória e os recontos.

Enquanto ecoliteratura, as literaturas indígenas abordam a relação entre o ser humano e o meio ambiente. Para Daniel Munduruku, é preciso "sair do modo linear do pensamento ocidental e entrar numa compreensão mais circular, tradicional, ancestral. Esse pensar nos remete à ideia de que as coisas estão integradas entre si e que elas – as coisas – trazem um saber que lhes é peculiar e que se manifesta a quem está atento aos sinais do universo" (MUNDURUKU, 2009, p. 9). Como afirma Yolanda Reyes, "No fundo, os livros são isto: conversas sobre a vida. E é urgente, sobretudo, aprender a conversar" (REYES, 2012, p. 29).

Para discutirmos sobre os desafios que o mundo contemporâneo enfrenta no campo ambiental, a ecoliteratura mostra-se como meio de promover conversas a respeito da relação do homem com a natureza, destacando a importância de as crianças compreenderem, desde cedo, que somos todos natureza. Não apenas fazemos parte da natureza, mas somos a própria natureza, e a devastação das florestas e dos ecossistemas é a devastação da humanidade. Essa perspectiva, sempre defendida e vivenciada pelos povos originários, que atualmente sofrem com violações de direitos humanos, pode ser reforçada através da ecoliteratura, ajudando as crianças a se reconhecerem como agentes de transformação para o planeta, contribuindo para melhorar a qualidade de vida de todos.

Compreender que somos um país e um planeta com diversidade é o caminho para uma convivência saudável. Por meio da literatura, é possível refletir e transformar o mundo. Se as crianças na educação infantil tiverem cada vez mais contato com a ecoliteratura e com as literaturas indígenas contemporâneas, estarão mais conscientes da pluralidade, reconhecendo-se como natureza e como cidadãs ativas em um mundo que requer maior cuidado com o meio ambiente. Para promover uma educação literária para crianças plurais, é essencial que elas tenham contato com obras que abordem temas que contribuam para a reflexão sobre o mundo contemporâneo.

REFERÊNCIAS

AGAMBEN, Giorgio. *O que é o contemporâneo? E outros ensaios.* Chapecó, SC: Argos, 2009.

GOMES, Alexandre de Castro, BARRETO, Cintia (orgs.). *Literatura Infantil e Juvenil: Aprendizagem e Criação.* Divino de São Lourenço, Espírito Santo: Semente Editorial. 2021.

BRASIL. *LEI Nº 11.645, de 10 de março de 2008.* Disponível em: https://www.planalto.gov.br/ccivil_03/_ato2007-2010/2008/lei/l11645.htm . Acesso em: 12 ago 2024.

KRENAK, Ailton. *Futuro ancestral.* São Paulo: Companhia das Letras, 2022.

KRENAK, Ailton. *Ideias para adiar o fim do mundo.* São Paulo: Companhia das Letras, 2020.

MACHADO, Ana Maria Machado. *Silenciosa Algazarra: reflexões sobre livros e práticas de leitura.* São Paulo: Companhia das Letras, 2011.

MUNDURUKU, Daniel e WAPICHANA, Cristino. (orgs.) *Antologia Indígena*. Mato Grosso: Palavra de Índio, 2009.

NOGUÉS, Alex. *Por todas as gerações que estão por vir: Severn Cullis-Suzuki/* Comentários de Alex Nogués; ilustrações de Ana Suárez; tradução de Andrea Dórea. – 1. ed. – Rio de Janeiro: Pingo de Luz, 2022.

REYES, Yolanda. *Ler e brincar, tecer e cantar: literatura, escrita e educação*. São Paulo: Pulo do Gato, 2012.

SCHØOLLHAMMER, Erik Karl. *Ficção brasileira contemporânea*. Rio de Janeiro: Civilização Brasileira, 2009.

TODOROV, Tzvetan. *A literatura em perigo*. Rio de Janeiro: DIFEL, 2009.

LITERATURA INFANTIL INDICADA

CAVALCANTI, Mirian da Silva. *Nanã*. Rio de Janeiro: Pingo de Luz, 2024.

CUNHA, Leo. *Um dia, um rio*. São Paulo: Pulo do Gato, 2016.

GUIMARÃES, J. L. *Sagatrissuinorana*. São Paulo: ÔZÉ, 2020.

UNDERWOOD, Deborah. *O mundo aqui dentro. Rio de Janeiro:* Pingo de Luz, 2023.

Biografias

CINTIA BARRETO

Cintia Barreto é escritora, professora, coordenadora de projetos literários, consultora e mentora literária. Doutora, mestra e especialista em literatura brasileira pela UFRJ. Funcionária pública desde 2002, leciona no Colégio Estadual André Maurois (Leblon, RJ). Coordena cursos de pós-graduação (lato sensu) em literatura infantil e juvenil desde 2010. Seu projeto de incentivo à leitura "Conversa Literária" ganhou, em 2019, o Prêmio Paulo Freire, da ALERJ e, em 2018, o Prêmio Cultura + Diversidade, da Secretaria de Cultura do Rio de Janeiro.

Escritora premiada, ficou em 1º lugar com seu primeiro livro de poesia *Entre Nós*, no concurso da Secretaria de Educação do Estado do Rio de Janeiro, da Metro IV, em 2013. Em 2003, foi 1º lugar na categoria "Crônica", com o texto "Crônica de guerra" para o Concurso "Guerra & Paz", do Tribunal de Justiça do Estado do Rio de Janeiro.

Escreve livros para crianças e jovens que estão publicados no Brasil e no exterior, como *Leia leía*, que foi publicado em espanhol, em 2024, na Argentina, pela editora La Marca, e está circulando em vários países da América Latina. Cintia escreve textos teóricos (participa de várias antologias de formação para professores) e literários a partir de sua vasta experiência com a literatura, seja lecionando ou criando textos em diferentes gêneros literários (crônicas, poemas, contos, autoficção) para crianças, jovens e adultos. Atualmente, ministra workshops e palestras sobre literatura brasileira, mediação de leitura, escrita literária e faz mentoria para escritores de todo o Brasil.

Para saber mais, visite seu site oficial: www.cintiabarreto.com.br

Contatos: @cintiabarreto.oficial

. . . .

© Acervo pessoal

CLARICE CAMPOS

Clarice Campos é escritora, professora, capoeirista, violeira, pesquisadora de escritoras negras brasileiras, doutoranda em Literatura e Literatura Comparada pela Universidade Estadual do Rio de Janeiro (UERJ), mestra em Memória e Acervos pela Fundação Casa de Rui Barbosa (FCRB), especialista em Filosofia pela Universidade Gama Filho (UGF) e em Literatura Infantil e Juvenil e em Literatura Brasileira de Autoria Feminina pela Universidade Candido Mendes (UCAM). Professora aposentada da Secretaria Municipal de Educação do Rio de Janeiro.

Durante mais de 30 anos atuou em Escolas Públicas do Rio de Janeiro como regente de turma, regente de salas de leitura, diretora de escola, diretora de creche e coordenadora pedagógica nos dois segmentos da Educação Básica.

Com seus alunos participou de concursos literários, mostras e festivais de curtas em animação, tendo os trabalhos selecionados e premiados em coletâneas e festivais como o Poesia na Escola, Anima Mundi, Pequeno Cineasta, entre outros.

Clarice escreve textos teóricos para seminários e revistas. Na ficção, participou de antologias, entre elas *Minhas Memórias Literárias: Coletânea de Textos de Professores e Bibliotecários* (2015), *Parem as Máquinas!* (Conto/Crônica – Selo Off Flip 2020) e *Carolinas: A Nova Geração de Escritoras Negras Brasileiras* (2021).

Como palestrante se apresenta em escolas, bibliotecas, Casas de Leitura e congressos.

Contatos: @claricecampos.oficial

....